Çelik Ekmekçi

Análise da paródia de ficção científica pós-moderna

Çelik Ekmekçi

Análise da paródia de ficção científica pós-moderna

ScienciaScripts

Imprint
Any brand names and product names mentioned in this book are subject to trademark, brand or patent protection and are trademarks or registered trademarks of their respective holders. The use of brand names, product names, common names, trade names, product descriptions etc. even without a particular marking in this work is in no way to be construed to mean that such names may be regarded as unrestricted in respect of trademark and brand protection legislation and could thus be used by anyone.

Cover image: www.ingimage.com

This book is a translation from the original published under ISBN 978-3-659-81606-2.

Publisher:
Sciencia Scripts
is a trademark of
Dodo Books Indian Ocean Ltd. and OmniScriptum S.R.L publishing group

120 High Road, East Finchley, London, N2 9ED, United Kingdom
Str. Armeneasca 28/1, office 1, Chisinau MD-2012, Republic of Moldova, Europe
Managing Directors: Ieva Konstantinova, Victoria Ursu
info@omniscriptum.com

Printed at: see last page
ISBN: 978-620-8-63745-3

Para os membros mais queridos da minha família: Aydin EKMEKQI, Turkan EKMEKQI, Melisa EKMEKQI.

ÍNDICE DE CONTEÚDOS

INTRODUÇÃO

O Guia do Viajante das Galáxias é um romance de ficção científica, devido às categorias e especialidades que contém. Além disso, contém elementos de ficção científica, tais como questões galácticas, naves espaciais, alta tecnologia, viagens no tempo, robôs e elementos fantásticos, bem como o poder de imaginação do autor, tal como exigido pela ficção científica enquanto género literário. No entanto, a primeira impressão que emerge do romance é a do humor. O tom é muito humorístico. Ao longo do romance, Douglas Adams recorre à paródia em todos os domínios, mesmo na expressão dos problemas do mundo, do espaço, dos extraterrestres, das naves espaciais, etc. Pode, portanto, dizer-se que O Guia do Viajante Galáctico contém também elementos irónicos e satíricos.

O Guia do Viajante Galáctico é um romance em série composto por cinco romances diferentes que se complementam entre si. É uma forma episódica, pois há histórias dentro de histórias que parecem depender umas das outras, e cada romance é uma continuação de outro. Os nomes dos romances são O Guia do Viajante Galáctico, O Restaurante no Fim do Universo, A Vida, o Universo e Tudo o Mais, Até à Vista e Obrigado por Todos os Peixes, O Jovem Zaphod Joga Pelo Seguro e, finalmente, o conto Principalmente Inofensivo. No entanto, destas séries, apenas o primeiro livro, The Hitchhiker's Guide to the Galaxy, será estudado nesta tese.

Para além disso, cada romance apresenta uma visão diferente do enredo. Além disso, pode dizer-se que, em todos os romances, a realidade e a ficção se entrelaçam, no sentido em que há numerosas referências a factos históricos, nomes especiais e personagens históricas. Deste modo, o romance parece ter um cenário realista. No entanto, as personagens são fictícias e o tema é também fictício, com muitos elementos de ficção científica. Para além disso, os nomes das personagens principais do romance parecem simultaneamente realistas e fictícios. Entre elas, Arthur Dent é um protagonista cujas caraterísticas são inteiramente aplicáveis às caraterísticas do homem moderno nas condições actuais, na medida em que está sempre preocupado com o futuro. Além disso, está desanimado, não tem esperança e uma das coisas mais importantes sobre ele é o facto de não estar satisfeito com a sua vida. Outra personagem importante é Ford Prefect, um extraterrestre que vive no mundo há muito tempo. Zaphod Beeblebrox, também um extraterrestre, é uma personagem fantástica e imaginativa, pois tem duas cabeças. Um dia, chega à Terra e conhece Trillian numa festa, que é a outra personagem mundana importante do romance.

Finalmente, outra personagem importante do romance é Marvin, um robô que odeia tudo porque está constantemente deprimido. Assim, estes esclarecimentos, incluindo o conteúdo básico, o enredo e as personagens mencionados até agora, dizem todos respeito à parte introdutória do primeiro romance, O Guia do Mochileiro das Galáxias, que será explicado e destacado neste estudo, juntamente com a sua relação com a teoria literária pós-moderna.

Este estudo tem três partes principais: a parte teórica, a análise do romance, a análise ideológica temática como elementos culturais e a parte argumentativa relativa à realidade alternativa. Na parte teórica, serão explicadas e examinadas informações gerais sobre SFI, suas categorias, elementos e desenvolvimento histórico. O pós-modernismo, como abordagem crítica nesta tese, será então explicado e aplicado na parte analítica.

Para além disso, o conteúdo do pós-modernismo, as suas representações e as técnicas utilizadas serão explicadas graças a críticos pós-modernos como Ihab Hassan, Brian McHale e Linda Hutcheon. Nesta perspetiva, serão destacadas as caraterísticas ontológicas do pós-modernismo, bem como a sua relação com a SF. Dois conceitos serão aqui mencionados, nomeadamente "cisão" e "mudança de paradigma". Estes dois conceitos serão explicados de forma a clarificar as caraterísticas ontológicas do pós-modernismo e a sua relação com a ficção científica enquanto género. Para além disso, as caraterísticas do

Neste estudo, a ficção científica será abreviada para SF. O pós-modernismo inclui elementos estilísticos, temáticos e estruturais, mas destes, a principal preocupação será com as caraterísticas estruturais, uma vez que inclui modos de expressão como a paródia, a ironia, a sátira, o riso e outros elementos cómicos, que estarão no centro da argumentação para definir o objetivo desta tese.

A parte da análise, por sua vez, é constituída por algumas secções importantes, nas quais o romance será analisado em termos dos modos de expressão literária do pós-modernismo e da sua adaptação à ficção científica enquanto género. Estas secções e os seus temas principais, para a análise do romance, serão estudados na seguinte ordem linear: elementos da ficção científica, paródia, ironia, sátira e riso.

Na primeira secção, estudaremos os elementos da SF, dos robôs aos avanços tecnológicos, depois das naves espaciais às viagens no tempo. A segunda e terceira secções estarão interligadas porque a paródia inclui a ironia e os seus ramos, porque todas as circunstâncias irónicas envolvem princípios e entendimentos incongruentes. Estas secções fornecerão, portanto, informações terminológicas sobre a paródia e a ironia. Além disso, a função da paródia e da ironia será explorada no contexto da SF. Ao longo da análise destas secções, o autor de O Guia do Viajante Galáctico, Douglas Adams, será observado na sua forma humorística de contar a história, através de citações do romance.

Além disso, na secção sobre a ironia, serão estudados dois tipos, nomeadamente a "ironia situacional" e a "ironia verbal", utilizando exemplos do romance. Nas duas últimas secções, a sátira e o riso serão novamente destacados no contexto um do outro. Neste caso, as terminologias bakhtinianas (carnavalização, polifonia orquestral) serão utilizadas para explicar o riso e os elementos satíricos através de exemplos de textos literários. Assim, estes modos de expressão pós-modernos serão estudados e explicados nesta tese através de citações do Guia do Mochileiro das Galáxias de Adams e, para além disso, estas qualidades pós-modernas serão adaptadas às especialidades da SF de um ponto de vista literário.

Além disso, na terceira parte, a análise temática e ideológica, certos elementos culturais e as suas ideologias de "autenticidade", "alienação" e "alteridade" serão clarificados no âmbito das qualidades pós-modernas da ficção científica, cujos conteúdos serão interligados através de citações do romance. Na primeira secção, a alienação será tratada de acordo com os princípios do Jargão da Autenticidade de Theodor Adorno.

Aqui, o foco será no conceito do eu autêntico. Depois, na segunda e terceira secções, a ideologia da alteridade e a ideologia da alienação serão apreendidas em conjunto e em correspondência direta com citações do texto pós-moderno de ficção científica O Guia do Mochileiro das Galáxias. Por fim, como extensão, na parte da argumentação, o conceito de realidade alternativa será abordado e focado e será feita uma análise crucial sobre se estes exemplos de The Hitchhiker's Guide to the Galaxy de Adams, com as suas explicações teóricas, constituem ou não uma realidade alternativa. Além disso, os fundamentos basear-se-ão no facto de estas realidades alternativas contribuírem ou não para o romance de Adams. Por conseguinte, estas especialidades serão investigadas e estudadas como parte da argumentação.

CAPÍTULO UM

DA FICÇÃO CIENTÍFICA AO PÓS-MODERNISMO

Neste estudo, o livro The Hitchhiker's Guide to the Galaxy, de Douglas Adams, foi analisado do ponto de vista das caraterísticas da ficção científica. A teoria crítica utilizada para analisar o texto é a crítica pós-moderna, através da qual este estudo examinou o romance e os seus critérios literários foram postos em evidência. Antes de mais, vale a pena começar pela definição e conteúdo do termo "ficção científica" e das suas categorias. Tal como definido por Adam Roberts no seu livro Science Fiction:

[A ficção científica é um termo que, enquanto género ou divisão da literatura, distingue os seus mundos ficcionais, num grau ou noutro, do mundo em que vivemos: uma ficção da imaginação em vez de uma realidade observada, uma literatura fantástica [...] (1).

Roberts cita também Darko Suvin para explicar o termo ficção científica no seu livro. Segundo Suvin, a ficção científica é "[...] um género literário cujas condições necessárias e suficientes são a presença e a interação do afastamento e da cognição, e cujo principal dispositivo formal é um quadro imaginativo alternativo ao ambiente empírico do autor [...]" (7).

A ficção científica, como termo, combina claramente ciência e ficção. Por outras palavras, combina o intelecto e a intuição. Isto significa que, por um lado, existe o poder da razão e, por outro, o poder da imaginação, que se misturam. Dessa forma, os dois se complementam e surge a ficção científica. De acordo com M. H. Abrams, a definição de ficção científica é a seguinte:

[Este termo abrange romances e contos que representam uma realidade imaginada que é radicalmente diferente, na sua narração e funcionamento, do mundo da nossa experiência quotidiana. Trata-se frequentemente de um outro planeta, de um mundo projetado no futuro ou de um universo paralelo imaginado [...]. O termo ficção científica aplica-se a histórias em que é feita uma tentativa explícita de tornar o mundo ficcional plausível, referindo-se a princípios científicos conhecidos ou imaginados, a um avanço tecnológico previsto ou a uma mudança radical na organização da sociedade [...] (323).

Como se pode observar, ele aponta que a ficção científica e sua realidade diferente estão muito distantes da experiência cotidiana comum quando comparadas às circunstâncias reais desse universo, pois nessas histórias ou narrativas o termo esclarece uma realidade alternativa imaginada, na qual os desenvolvimentos tecnológicos são trazidos à tona para intensificar a atmosfera desse mundo fictício, de modo que os princípios científicos possam ser alcançados e compreendidos. A mesma questão é levantada num ensaio intitulado Douglas Adams's "Hitchhiker" Novels as Mock Science Fiction, de Carl R. Kropf, em que "[...] SF can be defined in terms of the reader's response, the satisfaction he or she deriva from seeing how future societies react to the way science and technology have evolved in the future [...]" (63). Perante tudo isto, no entanto, é fundamental referir que nem todos os universos imaginados observados nos textos de ficção científica devem ser necessariamente tratados como ficção imaginativa, pois também é possível observar tais ficções imaginativas noutros géneros literários, como os mitos, os contos de fadas e afins, mas é na ficção científica que tais desenvolvimentos tecnológicos chamam a atenção apenas neste género. Sobre este assunto, Roberts afirma que

[...] Se a ficção científica é ficção imaginativa, não se segue que toda a ficção imaginativa possa ser utilmente classificada como ficção científica. As histórias em que os protagonistas viajam da Terra para colónias em Marte num foguetão são geralmente consideradas como ficção científica, porque não temos tais colónias ou meios de transporte hoje em dia. Mas os contos de fadas, a ficção surrealista ou o realismo mágico envolvem diferenças substanciais entre o mundo em que o leitor vive efetivamente e não são classificados como ficção científica [...] (3).

Além disso, no que diz respeito às categorias de ficção científica, foi referido que estas categorias são generalizadas e versáteis em todos os textos de ficção científica, no sentido em que as narrativas baseadas na ficção científica têm as suas próprias especialidades e têm os seus próprios assuntos, temas, adereços ou adereços, mas todas estas categorias podem ser consideradas como as principais categorias de ficção científica. Roberts classifica-as da seguinte forma

1. Veículos espaciais, viagens interplanetárias ou interestelares ;
2. Extraterrestres e encontros com extraterrestres ;
3. Robôs mecânicos, engenharia genética, robôs biológicos (andróides);
4. Computadores, tecnologia de ponta, realidade virtual;
5. Viajar no tempo;
6. História alternativa ;
7. Utopias e distopias futuristas [...] (15).

Com base nestas categorias, quase todas as caraterísticas da ficção científica foram observadas em The Galactic Traveller's Guide. Não só é um romance de ficção científica, como também relata as aventuras de viajantes espaciais de diferentes galáxias. Apresenta tecnologia de ponta, naves espaciais, extraterrestres bizarros, tecnologia informática avançada, viagens no tempo e histórias espaciais alternativas, planetas alternativos e até mundos alternativos. Assim, se olharmos para estas perspectivas, podemos dizer que O Guia do Viajante Galáctico é um romance de ficção científica, porque tem quase todas as caraterísticas exigidas pela ficção científica enquanto género.

Por um lado, a questão da origem da história da ficção científica tem sido debatida e tem dado origem a diferentes ideias. Dependendo da situação, alguns críticos defendem que pode ser rastreada até às obras de H. G. Wells e Júlio Verne, enquanto outros defendem que pode ser rastreada até às epopeias e salientam que também tem ligações com a literatura de fantasia. Para esta edição, Roberts explica que

[...] A identificação das origens da ficção científica é tão ferozmente contestada como a definição do género. Os vários críticos têm os seus próprios pontos de partida: alguns não recuam mais do que cem anos, até H.G. Wells e Júlio Verne, conferindo à ficção científica, enquanto género, uma juventude que corresponde ao seu perfil supostamente jovem e virado para o futuro. [...]. Outros persistem em procurar elementos "fantásticos" ou "de ficção científica" numa literatura que é tão antiga como a própria literatura. Encontramos viagens à lua ou protagonistas heróicos em busca de novos mundos e civilizações estranhas nas epopeias mais antigas da cultura humana, desde a antiga *epopeia* suméria *de Gilgamesh* (escrita talvez em 2000 a.C.). [...] Temos, assim, duas grandes abordagens à questão das origens, e a diferença entre estas duas abordagens sublinha as diferentes formas de compreender a natureza da ficção científica [...] (47).

Além disso, verificou-se que a maioria dos críticos de ficção científica aceita que um dos primeiros textos de ficção científica foi Frankenstein, de Mary Shelley, escrito em 1818. Pelo contrário, alguns críticos defendem que as origens da ficção científica podem ser encontradas na obra Utopia, do escritor inglês Thomas More, no século XVI. Como diz Roberts:

[Outro texto frequentemente citado como ponto de partida para a SF é mais prometedor neste sentido. Thomas More escreveu a sua *Utopia* em latim, em 1516, e foi traduzida para inglês em 1551. Descreve uma sociedade ideal em que todos convivem harmoniosamente, situada numa ilha fictícia em forma de lua crescente. É na medida em que More criou um novo tipo de sociedade através da imaginação que esta obra, tão profundamente racional nos seus objectivos renascentistas que não contém nada de fantástico ou futurista [...] (53), pode ser descrita como proto-SF.

Segundo Roberts, a história da SF começa com os estudos de "Jules Verne e H.G. Wells", que constituem as primeiras categorizações.

[A importância do romance de Shelley no desenvolvimento da ficção científica é tal que só no final do século XIX e com o trabalho de Verne e Wells é que vemos a ascensão da ficção científica como uma categoria de pleno direito, ou seja, como algo mais do que um romance ocasional. E é graças a Wells, e não a Verne, que a ficção centrada no encontro com a diferença está mais desenvolvida [...] (59).

Roberts classifica então a "Pulp Science Fiction" na segunda categoria destes procedimentos históricos. Ele aponta que se trata de uma "ligação com o formato barato de revista conhecido como Pulp" (67). Segundo Roberts, "a primeira Pulp a especializar-se no que poderíamos considerar SF foi a *Thrill Book* [...]" (67).

Além disso, podemos constatar que o aparecimento da ficção literária e as suas condições foram provocados pela educação, pela mistura de diferentes géneros que favoreceram o nascimento da ficção literária e, finalmente, pelo desenvolvimento dos domínios técnicos e científicos. Todos estes avanços contribuíram para que a ficção literária ocupasse o seu lugar no domínio da literatura. A fim de explicar esta evolução histórica que molda as condições da ficção científica, Roger Luckhurst explica de seguida cada elemento da sua ficção científica:

[Foi, portanto, relativamente tarde no século XIX que as condições convergiram para produzir o espaço para o que viria a ser a SF. Estas condições foram as seguintes 1) a extensão da alfabetização e da educação primária à maioria da população de Inglaterra e da América, incluindo as classes trabalhadoras; 2) a substituição das velhas formas de literatura de massas, "the penny dreadful" e "the dime novel", por novos formatos baratos de revistas que forçaram a inovação formal e levaram à invenção de categorias modernas de géneros como o romance policial ou de espionagem, bem como a ficção científica; 3) a chegada de instituições científicas e técnicas que formavam uma geração de classe média baixa como trabalhadores científicos, professores e engenheiros e que vinham confrontar os locais tradicionais de autoridade cultural; e, de uma forma claramente relacionada, 4) o contexto de uma cultura visivelmente transformada pelas inovações tecnológicas e científicas que, pela primeira vez, começaram a saturar a experiência da vida quotidiana de quase toda a gente com o Mecanismo [...] (1617).

Roberts prossegue explicando a terceira categoria denominada "Idade de Ouro", que abrange o período das décadas de 1940 e 1950 na América, e é durante este período que a "ficção científica" como género começa a desenvolver-se. Este período é considerado o apogeu da ficção científica, porque na indústria cinematográfica de Hollywood existia a série Guerra das Estrelas, que atraiu milhões de pessoas que se voltaram para a ficção científica. Assim, as categorias da história da ficção científica mencionadas por Roberts são resumidas acima em ordem cronológica. Assim, depois de explicar a ficção científica e o seu continuum histórico, o pós-modernismo, como abordagem crítica, foi utilizado e analisado nesta tese como o núcleo do argumento e através do qual as suas relações como teoria foram discutidas como ponto principal e critério.

Começámos por explicar a abordagem crítica. Para o efeito, Peter Barry afirma que "[...] os críticos pós-modernistas enfatizam a ficção, que se pode dizer que exemplifica a noção de 'desaparecimento do real', na qual as identidades pós-modernas em mudança são percebidas [...]" (87). Este princípio foi analisado como o ponto principal desta tese porque é contra a ausência de realidade que o pós-modernismo, enquanto teoria crítica, reage.

Por isso, nesta tese, estas identidades pós-modernas foram explicadas em correspondência um-a-um com a sua relação com o Guia do Viajante Galáctico de Douglas Adams em termos de caraterísticas pós-modernistas estruturais como a paródia, a ironia, a sátira e outras em pormenor. Relativamente à definição do artista pós-moderno e do seu estilo, Linda Hutcheon define esta situação no seu livro Poetics of Postmodernism como "[...] Um artista ou escritor pós-moderno está na posição de um filósofo: o texto que escreve, o trabalho que produz não são, em princípio, regidos por regras pré-estabelecidas [...]" (15). No pós-modernismo, as regras estabelecidas são postas em causa e pretendem ser subvertidas. Esta situação constitui a base da arte e da teoria pós-modernas.

Hutcheon sublinha o mesmo ponto ao afirmar que "[...] a própria arte pós-moderna sugere um sentido um pouco menos seguro do valor intrinsecamente revolucionário da auto-reflexividade. A interpretação dada aos seus modos de distanciamento e crítica pode muito bem depender do que é desconstruído e analisado [...]" (183). Além disso, nesta situação, o termo pós-moderno desconstrução acentua-se, e Hutcheon explica-o com referência à definição de desconstrução de Derrida: "estar atento à implicação, à sedimentação histórica da linguagem que usamos [...]" (100). Se olharmos por este ângulo, vemos que o pós-modernismo pretende modificar as verdades pré-estabelecidas e as suas questões para levar a cabo esta missão. O seu objetivo principal é desconstruir as questões anteriores para apreender a verdade. Ao fazê-lo, o pós-modernismo, enquanto teoria crítica, pretende desafiar as normas da realidade e os seus resultados padrão. Para clarificar esta situação, Hutcheon afirma que

[O ostmodernismo desafia precisamente esta ideia de "padrões de verdade verificáveis", colocando questões como: verificáveis por quem? Com base em que padrões? O que é que queremos dizer com "verdade"? Porque é que queremos normas? Para que fins devem ser utilizados? [...] (210).

No que diz respeito à citação acima, o pós-modernismo esforça-se por moldar o seu próprio domínio, no qual define a sua própria verdade. No entanto, o seu método para atingir o seu objetivo não é apenas danificar a antiga realidade considerada absoluta, mas o seu principal objetivo é desafiar essa realidade e adaptar essa situação às condições actuais para que todos a possam utilizar. Por outras palavras, o pós-modernismo quebra as cadeias da realidade que estão entrelaçadas através de normas rígidas. Ao quebrar estas regras pré-estabelecidas e ao virá-las do avesso, o pós-modernismo é capaz de explicar o processo da sua existência. Por outro lado, em relação à mesma circunstância, Hutcheon sublinha este procedimento no seu Politics of Postmodernism da seguinte forma

[O pós-modernismo, tal como o defini, não é uma degeneração em "hiper-realidade", mas um questionamento do que a realidade pode significar e de como a podemos conhecer. Não é que a representação domine ou apague o referente, mas sim que agora reconhece conscientemente a sua existência como representação - isto é, na medida em que interpreta o seu referente, e não na medida em que lhe oferece acesso direto e imediato [...] (34).

É claro que a técnica do pós-modernismo lida com este processo. Ao fazê-lo, o pós-modernismo utiliza representações do passado para as converter no presente e completar o seu procedimento tornando-as mais claras em relação à realidade e às suas verdades. Hutcheon define estas representações e classifica-as da seguinte forma: "Como qualquer palavra grande, 'representação/s' é um guisado. Com o seu menu baralhado, serve vários significados ao mesmo tempo. Uma representação pode ser uma imagem, visual ou auditiva... Uma representação também pode ser uma narrativa, uma sequência de imagens e ideias [...]" (31).

Para dar forma a estas representações e utilizá-las de acordo com as novas adaptações do pós-modernismo, elas são colocadas em processos que são primeiramente divididos em secções como representações presentes e passadas. Desta forma, as representações passadas são recicladas e transformadas em representações presentes cujo conteúdo é utilizado pelo próprio pós-modernismo. Para levar a cabo este procedimento, o pós-modernismo utiliza os seus dispositivos essenciais, que são a paródia e a ironia. Como afirma Hutcheon:

> [O pós-modernismo revela um desejo de compreender a cultura atual como o produto de representações anteriores. A representação da história torna-se a história da representação. Isto significa que a arte pós-moderna reconhece e aceita o desafio da tradição: não podemos escapar à história da representação, mas podemos explorá-la e comentá-la criticamente através da ironia e da paródia [...] (58).

Além disso, Hutcheon destaca esta situação para clarificar o uso da paródia e da ironia nestas relações entre representações do presente e do passado que foram explicadas acima. A autora salienta que

> [A paródia pós-moderna não negligencia o contexto das representações do passado que cita, mas usa a ironia para reconhecer o facto de estarmos hoje inevitavelmente separados desse passado - pelo tempo e pela história subsequente dessas representações. Há um continuum, mas há também uma diferença irónica, uma diferença induzida por essa mesma história [...] (94).

Nesta base, é necessário fornecer informações terminológicas sobre a ironia e a paródia em termos da utilização destes modos de expressão literária pós-moderna, incluindo o riso e os elementos cómicos. Em primeiro lugar, de acordo com Abrams :

> Uma paródia [é] uma maneira séria e caraterísticas de uma determinada obra literária, ou o estilo distintivo de um determinado autor, ou as caraterísticas estilísticas e outras típicas de um género literário sério, e derrota o original aplicando a imitação a um assunto baixo ou comicamente inadequado [...] (36).

Assim, como já foi referido, na paródia, uma situação considerada grave é abordada pelo autor, intencionalmente ou não, através de uma determinada obra literária em diferentes géneros. Na paródia, três elementos importantes moldam as suas caraterísticas; o primeiro é a expressão literária e a alusão, o segundo é o cortejo

de referências e o último é a questão da implicação. O objetivo principal é que a paródia seja utilizada para ridicularizar a circunstância original à qual é atribuída, através de elementos cómicos. Sobre este assunto, Hutcheon afirma que "[...] a paródia é uma forma pós-moderna perfeita, num certo sentido, porque incorpora e paradoxalmente põe em causa aquilo que parodia. Também nos obriga a reconsiderar as ideias de origem ou originalidade [...]" (11).

Esta paródia pós-moderna tem a sua função crucial e, para moldar a sua existência, a paródia pós-moderna não só desconstrói pontos críticos como também ajusta as relações entre representações que estão incluídas em todas as formas pós-modernas de paródia. Hutcheon insiste que "[...] a paródia pós-moderna é simultaneamente desconstrutivamente crítica e construtivamente criativa, tornando-nos paradoxalmente conscientes dos limites e poderes da representação - qualquer que seja o meio [...]" (98).

Por outro lado, Hutcheon destaca a utilização da ironia em textos literários da seguinte forma:

[...] [i]rony faz das referências intertextuais algo mais do que um mero jogo académico ou uma regressão infinita à textualidade: o que nos é chamado à atenção é todo o processo de representação - nas mais variadas formas e modos de produção - e a impossibilidade de encontrar um modelo totalizador que resolva as contradições pós-modernas daí resultantes [...] (95).

Como resultado, a ironia sugere uma discrepância entre a realidade e o valor facial. Consequentemente, neste processo de representação, a ironia parece criar uma espécie de contradição em termos de expressões literárias pós-modernas. Abrams explica esta situação: "[n]a maioria dos usos críticos modernos do termo 'ironia', permanece o sentido primário de ocultar, ou esconder o que é realmente o caso; não, no entanto, para enganar, mas para alcançar efeitos retóricos ou artísticos particulares [...]" (165). Do mesmo modo, como Ihab Hassan argumenta em The Postmodern Turn: Essays in Postmodern Theory and Culture, "[a ironia] torna-se um jogo radical e auto-consumível, uma entropia de significado. [...]" (40-41). Consequentemente, estas expressões artísticas literárias, como a paródia e a ironia, têm as suas tendências pós-modernas. Para definir esta situação, Hutcheon explica que "[a] paródia - frequentemente designada por citação irónica, pastiche, apropriação ou intertextualidade - é geralmente considerada como um elemento central do pós-modernismo, tanto pelos seus críticos como pelos seus defensores [...]" (93). Além disso, a ironia permite clarificar a verdade, como refere Hassan: "[...] a ironia aspira à clareza, à clareza da desmistificação, à pura luz da ausência [...]. A ironia exprime as recriações inelutáveis da mente em busca da verdade [...]" (170).

Consequentemente, a paródia e a ironia têm objectivos literários que moldam o esqueleto da arte pós-moderna e a sua identidade, no sentido em que a paródia e a ironia têm os seus princípios literários e que todos estes princípios têm os seus significados e funções mais especiais que são estabelecidos para um fim específico e não por coincidência. Assim, são capazes de aplicar os seus princípios pós-modernos de acordo com o conteúdo pós-moderno e a forma pós-moderna. Na mesma linha, Hutcheon afirma que

> [Não há absolutamente nada de aleatório ou "sem princípios" na evocação paródica [...]. A inclusão da ironia e do jogo nunca exclui necessariamente a seriedade e a objetividade na arte pós-moderna. Não compreender isto é não compreender a natureza de muita da produção estética contemporânea - mesmo que permita uma teorização mais cuidadosa [...] (27).

Outra expressão literária utilizada nos textos literários é o riso. No riso, há elementos cruciais que derivam do conteúdo. São eles: o surgimento de enunciados paradoxais, acontecimentos incongruentes, caraterísticas inesperadas e o aparecimento de um desequilíbrio. A importância histórica do riso é tal que tem uma tendência universal que se inclui até nos termos bakhtinianos, "carnavalesco", e é definido e explicado em pormenor de acordo com a análise de Mikhail Bakhtin do carnavalismo no seu livro Rabelais et son monde. Antes de entrarmos em pormenores, devemos primeiro esclarecer o significado histórico do riso. Segundo Bakhtin :

[O riso era tão universal como a seriedade; dirigia-se ao mundo inteiro, à história, a todas as sociedades, à ideologia. É a segunda verdade do mundo, que se estende a tudo e à qual nada é retirado. Era, por assim dizer, o aspeto festivo do mundo inteiro em todos os seus elementos, a segunda revelação do mundo no jogo e no riso [...] (84).

Sobre a evolução histórica do riso nos géneros literários e a sua origem, Bakhtin explica ainda que "[...] o riso ambivalente e universal não nega a seriedade, mas purifica-a e completa-a [...]. Ele restaura essa plenitude ambivalente. Tal é a função do riso no desenvolvimento histórico da cultura e da literatura [...]" (122-123). De acordo com esta situação, um dos elementos mais importantes do riso é a imagem do grotesco e, ao mesmo tempo, observa-se que a imagem do grotesco tem uma relação estreita com a sátira, na medida em que a imagem do grotesco contém uma dimensão satírica que ocorre através do exagero. Bakhtin analisa a mesma situação: "[...] o exagero do inadequado a dimensões inacreditáveis e monstruosas é a natureza fundamental do grotesco. Por conseguinte, o grotesco é sempre uma sátira. Onde não há orientação satírica, não há grotesco [...]" (306). Aqui, tal como Bakhtin salienta, a inclusão da sátira na imagem grotesca é crucial, mas também é mencionado que não haverá grotesco na ausência de sátira. Abrams define o termo e explica que

[A sátira pode ser descrita como a arte literária de diminuir ou depreciar um assunto, tornando-o ridículo e suscitando atitudes de divertimento, desprezo, desdém ou indignação em relação a ele. Difere da comédia na medida em que a comédia provoca o riso principalmente como um fim em si mesmo, enquanto a sátira ridiculariza, ou seja, usa o riso como uma arma [---] (320).

Depois de examinar estas expressões literárias pós-modernas, a questão e o jargão da autenticidade e a sua ideologia foram destacados na sua relação com o pós-modernismo enquanto teoria crítica. De acordo com Adorno, "a autenticidade e a inautenticidade têm como critério a decisão pela qual o sujeito individual se escolhe a si mesmo como sua própria posse [...]" (94). No que diz respeito à autenticidade, a ênfase é colocada no indivíduo autoconsciente, e o conceito de auto-identidade e individualidade tem um enorme papel a desempenhar na formação deste eu autêntico. Relativamente a esta situação, Adorno salienta que "[...] a alternativa da autenticidade e da inautenticidade é orientada de acordo com o facto de alguém decidir por si próprio ou não. Ela toma as suas diretivas, para além dos estados de coisas, do sentimento altamente formal de pertença a si próprio [...]" (94).

Adorno analisa, pois, esta autenticidade como algo de superior, entendendo o eu autêntico como uma qualidade superior e clarificando a situação ao assinalar que a autenticidade pura e essencial é produzida pela divergência da alma imortal.

Adorno define assim a morte como a principal noção autêntica. Este princípio é explicado a seguir em relação a :

[O jargão da autenticidade, que vende a auto-identidade como algo superior, projecta a fórmula da troca naquilo que imagina não ser permutável; pois, enquanto indivíduo biológico, todos os homens são iguais. É o que resta depois de se ter retirado a alma e a imortalidade à alma imortal [...] (61).

Adorno explica então a noção de morte como forma autêntica combinando-a com o pensamento de Heidegger e o seu tratamento da morte como ideologia existencialista, na medida em que "[o] jargão da autenticidade é ideologia como linguagem, sem qualquer consideração de conteúdo específico. Afirma o sentido com o gesto da dignidade com que Heidegger gostaria de revestir a morte [...]" (132).

Segundo Adorno, este princípio de compreensão avalia a autenticidade como a dignidade do domínio da verdade, e também trata a autenticidade pura como um facto absoluto, atribuindo as suas qualidades à existência da morte. Ele explica que

[A morte é a essência do domínio da mortalidade. Opõe-se à imediaticidade, que se caracteriza pelo facto de estar presente. A morte torna-se assim algo artificialmente para além do que existe. Salva deles, torna-se o autêntico. O autêntico é a morte [...] (125).

Deste ponto de vista, todos os princípios literários pós-modernos, da paródia à autenticidade, analisados e explicados até agora, são factos marcantes. Assim, cada um tem as suas próprias capacidades e procedimentos no esclarecimento da teoria crítica e da sua relação com o género estudado nesta tese. Em primeiro lugar, é extremamente crucial expressar novamente a ligação entre a FC e o pós-modernismo como uma teoria crítica, cujas relações são apresentadas e cada uma das quais foi dada de acordo com a breve introdução e explicação no prólogo acima. Agora, esta ligação entre a SF e o pós-modernismo foi concretizada por explicações detalhadas em correspondência direta com os princípios teóricos relativos tanto à SF como ao pós-modernismo. Como Carl Freedman assinala no seu Critical Theory and Science Fiction:

> [Ao examinar as afinidades entre a teoria crítica e a ficção científica, há uma economia tática e metodológica que começa com as dimensões estilísticas específicas da ficção científica. O estilo é amplamente considerado como uma categoria privilegiada na análise de qualquer género literário, uma espécie de pedra de toque da própria literatura [...] (30).

A citação acima sublinha, portanto, a importância das estruturas literárias na ficção literária e a sua ligação à teoria crítica. Estas estruturas na ficção literária são explicadas e destacadas acima como paródia, ironia, sátira, etc. Com base nisto, para mencionar a ocorrência de semelhanças estilísticas e estruturais na teoria crítica e as suas funções na construção da ponte entre as duas, Freedman explica que "[por] meio do estilo, a teoria crítica mostra constantemente que as coisas não são o que parecem e que não precisam de ser eternamente como são. [...]" (8).

Além disso, na SF, através da sua estreita relação com o pós-modernismo, uma outra circunstância ideológica toma o seu lugar no tratamento das representações. Esta circunstância ideológica é o facto saliente da alteridade e da sua ideologia dominante, a alienação. Com base nessa situação, Abrams explica que

> [É o termo brechtiano na medida em que evita as conotações negativas de cansaço, incapacidade de sentir e apatia social que a palavra "alienação" adquiriu em inglês [...]. É utilizado para tornar estranhos aspectos familiares da realidade social atual, de modo a impedir a identificação emocional ou o envolvimento do leitor ou do público

com as personagens e as suas acções numa obra literária ou peça de teatro [...] (6).

Consequentemente, a questão do tema recorrente da "alteridade" e da sua conotação foi destacada no âmbito da ideologia da alienação. Nos textos da SF, esta representação da alteridade tem sido examinada como o ponto de divergência e diferença, na medida em que toma este conceito crucial como o núcleo do argumento no seu conteúdo e clarificação no âmbito da inclusão da alienação. Como Roberts afirma em relação à mesma questão, "[...] a problemática deste encontro com a diferença, a diferença de representar o Outro sem perder o contacto com o familiar, torna-se exatamente o ponto de alguns dos mais famosos textos de ficção científica [...]" (26). Essa problemática entre representações da diferença tem moldado o ponto temático da SF, como em The Hitchhiker's Guide to the Galaxy.

Assim, os textos de ficção científica têm procurado captar esta ideologia da alteridade no enredo, a fim de clarificar o seguinte ponto: "A ficção científica, ao centrar as suas representações do mundo não na reprodução desse mundo, mas antes na sua simbolização figurativa, é capaz de colocar em primeiro plano as construções ideológicas da alteridade" (Roberts, 2000, p. 30). No entanto, na sua forma tradicional, tal como salientado pela definição de alienação, a alteridade nos textos de ficção científica tem sido frequentemente tratada como um conceito negativo na ideologia literária. Porque contém um entendimento incongruente que é contrário aos ditames e princípios da ideologia tradicional e seu ditame absoluto. Sobre esta questão, Roberts salienta que "[a] ternura é frequentemente demonizada, / a ficção científica pode furar os constrangimentos desta ideologia contornando as convenções da ficção tradicional [...]" (30). Aqui, o ponto crítico dos textos de ficção científica foi enfatizado na medida em que inclui as suas próprias caraterísticas que formam o quadro da ficção científica e que cumpre o seu dever de acordo com os seus próprios princípios e não com os conceitos tradicionais, razão pela qual foi salientado que "The science fiction novel contains a social critique" (Luckhurst, 2005: 114).

Além disso, nos textos de ficção científica, o uso da duplicação e o conceito de mudança de paradigma são susceptíveis de ocorrer particularmente na teoria pós-moderna pelos seus factos ontológicos. No conceito de duplicação, há muitas identidades pós-modernas que são completamente variáveis e versáteis. No entanto, estas identidades pós-modernas duplas na ficção científica têm os seus muitos centros que moldam as contradições no seu interior, de modo a representar as caraterísticas da ficção científica no texto. Como explica Hutcheon, "há contradição mas não há dialética no pós-modernismo. E é essencial que a duplicação seja mantida, não resolvida. [...]" (209). A mudança de paradigma, entretanto, é a mudança concetual aprendida através da qual diferentes identidades duplas são intencionalmente deslocadas na arte e na teoria pós-modernas. De acordo com Abrams, a sua definição literária e histórica e o seu objetivo são os seguintes:

Uma distinção muito utilizada, desenvolvida por Roman Jakobson, é a que se estabelece entre as regras que regem as "relações paradigmáticas", as relações verticais entre qualquer palavra de uma frase e outras palavras fonológica, sintáctica ou semanticamente semelhantes que a possam substituir, e as "relações sintagmáticas", as relações horizontais que determinam as possibilidades de colocar as palavras numa sequência de modo a formar uma unidade sintáctica bem formada [...] (176).

Assim, através do conceito de mudança de paradigma e do conceito de duplicação nos textos pós-modernos, a construção ontológica intencional foi construída onde as representações são criadas e as suas identidades pós-modernas moldam o conteúdo. Como explica Hutcheon, "[...] a arte e a teoria pós-modernas reconheceram conscientemente o seu posicionamento ideológico no mundo e foram levadas a fazê-lo [...]. [...]" (179).

Depois de analisar as componentes literárias dos textos de ficção científica e as suas caraterísticas pós-modernas, esta secção examina e explica os pontos críticos do pós-modernismo como abordagem crítica e da ficção científica como género literário em termos de caraterísticas ontológicas e comuns. Brian McHale afirma o seguinte no seu livro <u>Postmodernist Fiction</u>: "[s]cientifiction, like postmodernist fiction, is governed by the ontological dominant [...]" (59). O termo ontologia pretende aqui exprimir a estreita relação entre a existência e os seus actos.

O pós-modernismo utiliza a unidade particular da existência como sua preocupação fundamental. Na mesma linha, salienta que

[Se a poética pós-modernista coloca em primeiro plano as questões ontológicas do texto e do mundo, só o pode fazer explorando as caraterísticas ontológicas gerais partilhadas por todos os textos literários e mundos ficcionais, e é apenas contra o pano de fundo das teorias gerais da ontologia literária que as práticas pós-modernistas específicas podem ser identificadas e compreendidas [...] (McHale, 1991: 27).

Para analisar um texto de ficção científica, o pós-modernismo utiliza estas questões ontológicas dentro do conteúdo do género literário da ficção científica. Consequentemente, as caraterísticas comuns da ficção científica, observadas neste género específico, são adaptadas a objectivos ontológicos de uma forma independente. A citação seguinte explica esta situação da seguinte forma:

[Invasões espaciais, visitas a outros planetas, futuros utópicos ou distópicos, viagens no tempo, mundos paralelos ou perdidos - todos estes topoi da ficção científica servem os objectivos de uma poética ontológica, mas uma poética que se desenvolveu quase inteiramente independentemente da poética ontológica do pós-modernismo (McHale, 1991: 62).

Além disso, no pós-modernismo, observou-se que o termo deslocação é utilizado para descrever elementos de ficção científica juntamente com caraterísticas de ficção científica. Assim, a escrita pós-moderna pode ser útil na análise de textos SF em termos de forma e conteúdo. Neste contexto, McHale afirma que "[...] a escrita pós-moderna preferiu adaptar os padrões de deslocação temporal da ficção científica em vez das suas deslocações espaciais [...]" (66). Consequentemente, uma das questões cruciais que o pós-modernismo usa nos textos de ficção científica é "[...] a deslocação temporal através da viagem no tempo, tal como o seu análogo espacial, o voo interplanetário, tem sido demasiado identificada com a ficção científica enquanto tal para que os escritores pós-modernistas a possam usar com muita liberdade [...]"

(McHale, 1991: 67). Esta situação tem sido observada em quase todos os textos de ficção científica como conteúdo principal e a mesma circunstância é observada em profundidade em The Galactic Traveller's Guide de Adams como o enredo principal ao longo do romance.

Por conseguinte, neste estudo, estes princípios literários e teóricos acima mencionados foram utilizados na análise do romance de acordo com determinadas caraterísticas literárias que foram aplicadas ao Guia do Mochileiro das Galáxias para clarificar o objetivo deste texto. Estas incluem caraterísticas estruturais, temáticas e estilísticas. Estas incluem caraterísticas estruturais, temáticas e estilísticas. No entanto, apenas a primeira destas caraterísticas, designada por estrutural, foi tratada como análise central e foi utilizada como âmbito básico nesta tese. Por conseguinte, o pós-modernismo foi utilizado como uma abordagem crítica para analisar estas caraterísticas estruturais. Ao mesmo tempo, foram aplicadas ao romance ferramentas críticas pós-modernas. Nesta secção, as qualidades pós-modernas foram analisadas em conjunto com citações selecionadas do romance. Além disso, na secção sobre caraterísticas estilísticas, a narrativa pós-moderna, as suas especialidades técnicas e o uso da linguagem foram explicados e, consequentemente, estas caraterísticas estilísticas foram examinadas em relação às citações escolhidas de O Guia do Mochileiro das Galáxias.

Nas caraterísticas temáticas, por outro lado, o ponto essencial diz respeito ao romance e à construção do enredo. Nesta secção, as mudanças nos acontecimentos foram clarificadas em relação às mudanças na forma. Além disso, a utilização dos acontecimentos foi tratada e explicada de acordo com as suas próprias categorias, das mais gerais às mais específicas. Na secção temática, a ordem linear histórica do romance The Hitchhiker's Guide to the Galaxy foi também realçada, uma vez que a forma como os acontecimentos se desenrolam neste romance foi aplicada à análise deste estudo. O último ponto visado nesta secção temática foi a relação entre as personagens e a análise dos seus traços caraterísticos.

Estas caraterísticas estilísticas e temáticas foram destacadas através de citações do romance, mas não houve uma análise detalhada destas duas caraterísticas, uma vez que o foco principal e o destaque dos factos se concentraram nas caraterísticas estruturais, que incluem todos os princípios cujos objectivos são mencionados acima.

Assim, como foco deste estudo de traços estruturais, foram capturados os modos de expressão que constituem o objeto de análise do romance em questão, a fim de explicar o argumento principal mencionado no título "A paródia de ficção científica como tropo pós-modernista nos romances seriados de Douglas Adams, *O Guia do Mochileiro das Galáxias"*. Estas caraterísticas estruturais são a paródia, a ironia, a sátira e o riso, bem como certos elementos cómicos.

Consequentemente, estas três caraterísticas - estilísticas, temáticas e estruturais - foram analisadas e explicadas e cada uma delas foi explicitada de acordo com os pontos e citações retirados de vários teóricos na parte teórica. No entanto, as caraterísticas estruturais geraram o enquadramento desta tese, pelo que a densidade dos estudos, em comparação com outros, se centrou principalmente nas caraterísticas estruturais cujo conteúdo foi clarificado e estudado como o núcleo do argumento para completar este estudo.

CAPÍTULO DOIS

ANÁLISE DO GUIA DE BOLEIAS DE ADAMS COMO PARÓDIA DA FICÇÃO CIENTÍFICA A GALÁXIA COMO PARÓDIA DA FICÇÃO CIENTÍFICA

Nesta secção, a ênfase será colocada, em primeiro lugar, na análise e clarificação dos elementos de ficção científica e, em seguida, serão exploradas caraterísticas estruturais pós-modernas como a paródia, a ironia, a sátira e o riso, adaptadas a The Hitchhiker's Guide to The Galaxy. Carl R. Kropf, no seu ensaio Douglas Adams's 'Hitchhiker' Novels as Mock Science Fiction, examina a parte da exposição que serve de introdução ao romance, nomeadamente

Os romances de Adams começam com a aparente destruição da Terra e de tudo o que nela existe, exceto dois humanos e dois ratos. Os dois humanos que escapam são, sem surpresa, um homem e uma mulher, e esperamos naturalmente que acabem num planeta edénico onde podemos ver o autor a desenvolver uma nova versão do mito do Génesis (62).

Além disso, Kropf analisa O Guia do Viajante Galáctico de Adams como um falso romance de ficção científica e resume mesmo pontos fundamentais que foram discutidos em profundidade:

A série Hitchhiker de Adams, como já vimos, tem todas as caraterísticas da ficção científica convencional. Em *The Hitchhiker's Guide to the Galaxy* (1979), somos levados a esperar tudo o que é habitual: a Terra está sob ameaça; o herói escapa; conhece uma mulher da Terra que fugiu; está a bordo de uma nave maravilhosamente poderosa. Até agora, o resumo do enredo parece o de qualquer romance convencional de ficção científica (64) *[itálico acrescentado]*.

Em primeiro lugar, os avanços tecnológicos nos textos de ficção científica que foram introduzidos e destacados na secção teórica são de importância fundamental para clarificar os elementos da ficção científica. Como mostra esta citação, Roberts salienta que

[As máquinas e a tecnologia são o que mais associamos à ficção científica, tal como agora nos habituámos totalmente a uma vasta gama de máquinas e tecnologias que nos rodeiam na nossa vida quotidiana. Este facto pode dificultar a representação da alteridade pela 'máquina'; mas não há dúvida de que é precisamente este o espaço ocupado pela máquina no texto de ficção científica [...] (146).

A importância da tecnologia e a forma como esta informa o conteúdo de The Hitchhiker's Guide to the Galaxy é uma questão fundamental que foi mesmo analisada logo no início do romance por Adams, na descrição do computador da nave espacial, da seguinte forma:

[O computador de bordo da Sirius Cybernetics, que controlava e permeava cada partícula da nave, mudou para o modo de comunicação. [Olá!" disse ele brilhantemente, cuspindo uma pequena fita de ticker para o registo. O ticker dizia: "Olá! [...] O computador continuou: "Quero que saibam que, seja qual for o vosso problema, estou aqui para vos ajudar a resolvê-lo" [...] (100-101).

Esta citação descreve os avanços tecnológicos de ponta que são amplamente utilizados nos textos de ficção científica. No entanto, na obra de ficção científica pós-moderna de Adams, a tecnologia é desconstruída através da personificação de dispositivos tecnológicos como os computadores, em termos dos elementos cómicos e da sua utilização ao longo do romance. Assim, utilizando esta citação de The Hitchhiker's Guide to The Galaxy de Adams, o significado paródico do conteúdo da ficção científica pós-moderna foi examinado de perto.

Além disso, estas questões tecnológicas, incluindo computadores, naves espaciais, robôs e vários dispositivos cuja iniciação à tecnologia foi descrita em pormenor e de forma cómica no romance através da utilização intencional da linguagem SF de Adams com os seus próprios nomes tecnológicos:

[A Enciclopédia Galáctica define um robô como um dispositivo mecânico concebido para fazer o trabalho de um humano. A divisão de marketing da Sirius Cybernetics Corporation define um robô como "O teu amigo de plástico com quem é divertido estar". O Galactic Traveller's Guide define a divisão de marketing da Sirius Cybernetics Corporation como "um bando de idiotas sem cérebro que serão os primeiros a encostar-se à parede quando a revolução chegar" [...] (9293).

Nesta citação, a definição de robô é clarificada a partir do ebook "Hitchhiker's Guide to The Galaxy" do próprio romance, de uma forma cómica e cínica. Aqui, a compreensão e o princípio originais do robô, baseados na ficção científica, são desconstruídos pela forma paródica como Adams o descreve.

Além disso, no seu ensaio, Kropf destaca as relações entre a proeminência dos elementos tecnológicos da ficção científica e as personagens, afirmando que "[...] a ficção científica obtém a sua resposta ficcional única ao lidar com personagens cuja situação foi criada pela mudança, e normalmente pela mudança científica ou tecnológica [...]" (63). Consequentemente, as mesmas relações entre personagens e elementos de ficção científica são analisadas da mesma forma por Roberts:

[As principais máquinas na ficção científica são as naves espaciais e os robots/computadores. As naves espaciais são quase sempre humanizadas: podem ser elas próprias sencientes [...]. A nave espacial é um dos pontos de convergência entre o homem e a máquina. Os robots, mais obviamente, partilham as caraterísticas do homem e da máquina [...]. Em todos estes casos, o texto SF dramatiza e caracteriza a nossa compreensão da alteridade das máquinas [...] (148).

Assim, neste esclarecimento, como foi referido, os traços caraterísticos dos humanos são atribuídos a um dos elementos SF, como os robots, na medida em que estas caraterísticas são partilhadas como factores comuns que determinam a relação entre a humanidade e as máquinas ao longo do romance e, ao mesmo tempo, esta questão foi tratada por Adams de forma humorística no modo cómico em The Galactic Traveller's Guide da seguinte forma:

[...] "Mas o que é suposto fazer com um robô maníaco-depressivo? "Achas que tens problemas", disse Marvin, como se se dirigisse a um caixão recém-ocupado, "o que é suposto fazer se fores um robô maníaco-depressivo? Não, não te dês ao trabalho de responder a essa pergunta, sou cinquenta mil vezes mais inteligente do que tu e nem eu sei a resposta. Dói-me a cabeça só de tentar pensar ao teu nível [...] (136).

Para explicar esta circunstância em pormenor, Roberts capta-a e utiliza estas relações entre os elementos da ficção científica e as caraterísticas humanas, de acordo com a adaptação do romance de Adams. Como refere Kropf, "[...] os romances de Adams têm um âmbito muito mais alargado, incluindo a totalidade do tempo e do espaço e todas as formas de vida [...]" (67). Roberts utiliza, portanto, os elementos mais importantes da ficção científica, os robôs e as tecnologias, e descreve a personagem do romance, Marvin, o robô depressivo, como o seu elemento central, e explica os traços caraterísticos de Marvin, que mostram uma correspondência de um para um com as caraterísticas humanas. Esta semelhança é, portanto, a preocupação principal e fundamental dos seus estudos sobre o texto SF de Adams. Como se refere a seguir:

[O robô é o lugar num texto de ficção científica onde o tecnológico e o humano se misturam quase diretamente. O robot é a dramatização da alteridade da máquina, o sentido paranoico do inorgânico que ganha vida. Alguns exemplos-chave mostram que não se trata simplesmente de vestir o humano com uma roupa mecânica, mas que ela funciona dessa forma. [...]. Mas é Marvin, o androide altamente inteligente mas cronicamente deprimido, cujos cliques metálicos e sopros hidráulicos que acompanham os seus movimentos sugerem que ele é mais robô do que androide, que continua a ser uma das criações mais duradouras da série [...] (Roberts, 2000: 161-162).

Além disso, Roberts sublinha as caraterísticas deste robô depressivo: "Marvin combina os atributos da inteligência mais avançada das máquinas com os traços patológicos de um ser humano particularmente imperfeito. Ele tem, como está sempre a repetir, 'um cérebro do tamanho de um planeta'; é tão inteligente que consegue ler a consciência humana [...]" (161-162). Para clarificar esta situação, Roberts mostra um divertido diálogo entre Arthur Dent e Marvin, no qual "[...] 'Quer dizer que consegues ver dentro da minha mente?' pergunta o incrédulo personagem humano, Arthur Dent. Estou espantado', diz Marvin, sombriamente, 'como é que consegues viver numa coisa tão pequena' [...]" (161-162). Além disso, o ponto fulcral do esclarecimento de Roberts sobre as caraterísticas de Marvin é que "[...] ele está tão continuamente deprimido e miserável que é uma chatice estar perto dele; ele odeia tudo, incluindo a si próprio, e é capaz de literalmente aborrecer alguns guardas de segurança até à morte simplesmente contando-lhes a sua vida miserável [...]" (161-162). Por fim, Roberts favorece o fator fundamental acima mencionado sobre a idiossincrasia humana do robô-Marvin:

[A glória da caraterização de Marvin é que ele persegue a expressão da sua depressão com o rigor de uma máquina, de modo que não só acrescenta caraterísticas humanas à sua maquinalidade, mas também caraterísticas de máquina aos seus traços humanos. Ele é uma mistura poderosa de máquina e homem [...] (161-162).

No entanto, estes elementos principais dos textos de ficção científica, como os computadores, os robôs, etc., com as suas tecnologias avançadas, afectam negativamente o leitor. Como os textos de ficção científica controlam os sentimentos e as emoções através dos seus próprios materiais e elementos, surgem nos leitores imagens como o medo e o horror, porque a ficção científica provoca acontecimentos catastróficos. Roberts explica o mesmo problema: "[...] Os nossos sentimentos em relação aos computadores foram ensaiados por todos os textos de ficção científica que incluem inteligência artificial; a exploração real do nosso sistema solar parece-nos banal, porque as nossas expectativas foram aumentadas pelas emoções das imagens de ficção científica [...]" (3536). Do mesmo modo, Adams descreve esta paisagem catastrófica da ficção científica no seu romance com um tom cómico e uma forma humorística de a contar. O seu tratamento é, portanto, completamente diferente do de outros textos de ficção científica, uma vez que o seu romance é produzido através das suas intenções paródicas e irónicas ao longo da sua série Hitchhiker. No romance, a Terra está prestes a ser destruída para a construção de um desvio hiperespacial pelos Vogons. Como Adams descreve:

[...] "Povo da Terra, a vossa atenção, por favor", diz uma voz e é maravilhoso. Maravilhoso, som quadrafónico perfeito, com níveis de distorção tão baixos que fariam chorar um homem corajoso. "Este é o Prostetnic Vogon Jeltz do Conselho de Planeamento do Hiperespaço Galáctico", continuou a voz. "Como certamente sabem, os planos para desenvolver as regiões periféricas da galáxia requerem a construção de uma via rápida hiperespacial através do vosso sistema estelar e, infelizmente, o vosso planeta é um dos que está programado para ser demolido. O processo demorará pouco menos de dois minutos da vossa Terra. Obrigado" [...] "Não vale a pena fingirmo-nos surpreendidos. Todas as tabelas de planeamento e ordens de demolição foram afixadas no vosso departamento de planeamento local de Alpha Centauri durante cinquenta dos vossos anos terrestres, por isso tiveram muito tempo para apresentar uma queixa formal e é demasiado tarde para começarem a fazer alarido sobre isso agora" [...] (34-35).

Esta citação analisa a desconstrução do acontecimento catastrófico da demolição do próprio mundo com afirmações divertidas neste texto de ficção científica pós-moderna. De facto, nesta situação, o tema sério da ficção científica "invasão do mundo por extraterrestres" é clarificado por meios extraordinários, incluindo elementos cómicos, afirmações bizarras e a notificação de extraterrestres. O conteúdo sério da ficção científica é assim desconstruído e virado do avesso através das circunstâncias cómicas paródicas criadas neste texto pós-moderno de ficção científica. Curiosamente, ou talvez perversamente, os romances começam com uma espécie de conclusão, o fim de toda a experiência humana, mas mesmo este fim monumental é trivializado pelo facto de a Terra ser descuidadamente destruída por uma equipa de construção que prepara o caminho para uma autoestrada de desvio do hiperespaço [...]" (64-65).

Jean Baudrillard examina mais pormenorizadamente este cenário catastrófico na ficção científica: "[...] quase todos os romances de ficção científica têm como tema a situação de uma cidade grande, racional e rica, ameaçada de destruição a partir do exterior ou do interior por uma grande força hostil [...]" (199). Além disso, a fim de sublinhar esta circunstância catastrófica de acordo com os dispositivos tecnológicos da ficção científica, Baudrillard analisa a relação entre o homem e a tecnologia em termos do resultado mútuo que quase todos provocam nos textos baseados na ficção científica:

[Toda a nossa ficção científica atual está impregnada da inevitabilidade da tecnologia, tal como toda a nossa mitologia quotidiana, desde o perigo da catástrofe atómica (o suicídio tecnológico da civilização) até ao tema, declinado em mil variações, do fosso fatal entre o progresso técnico e a moral social humana [...] (192).

Por outro lado, partindo destas questões semelhantes, para realçar os confrontos interestelares que ocorrem nos textos de ficção científica e o seu inevitável desfecho, a questão da disparidade como principal conflito, McHale argumenta ainda que "[...] a ficção científica, ao encenar 'encontros próximos' entre mundos diferentes, ao colocá-los em confronto, realça as suas respectivas estruturas e as disparidades que existem entre eles [...]" (60). O mesmo ponto é tratado por Hassan como uma das especialidades do pós-modernismo enquanto teoria crítica. Assim, ele explica esta circunstância de choques planetários e a extinção dos seres humanos como parte de uma compreensão geral do texto SF da seguinte forma: "O pós-modernismo é antes a desnaturalização do planeta e o fim do homem. Somos, creio, habitantes de um outro Tempo e Espaço, e já não sabemos que resposta é adequada à nossa realidade [...]" (39). Além disso, para a mesma circunstância de confronto, McHale volta a referir que "[...] nos contextos mais típicos (e estereotipados) da ficção científica, os 'mundos' devem ser entendidos literalmente como planetas e o 'confronto entre mundos' como viagens interplanetárias [...]" (60).

Por conseguinte, para indicar a destruição e os acontecimentos apocalípticos que a maioria dos textos de ficção científica utiliza como tema e conteúdo principais, McHale explica a afinidade entre o futuro da ficção científica e esse futuro pós-moderno: "[...] a maioria dos futuros pós-modernistas, por outras palavras, são distopias sombrias - como, de facto, a maioria dos mundos de ficção científica do futuro têm sido nos últimos anos. O motivo de um mundo após o holocausto ou um colapso apocalítico ocorre [...]" (67). Nesta perspetiva, o pós-modernismo e as suas caraterísticas foram analisados e explicados de acordo com citações do Guia da Galáxia de Adams. Houve, portanto, correspondências entre qualidades pós-modernas e elementos de ficção científica.

Como mencionámos na secção teórica, no âmbito da teoria pós-moderna, as caraterísticas ontológicas têm uma influência dominante nos textos de ficção científica. McHale afirma que "[...] na pós-modernização da ficção científica, tal como o pós-modernismo pediu emprestado motivos ontológicos à ficção científica, a ficção científica começou, nos últimos anos, a pedir emprestado ao pós-modernismo [...]" (68-69). Assim, observou-se que o pós-modernismo e a ficção científica têm afinidades mútuas em termos de motivos ontológicos. Além disso, em relação a esta relação, McHale afirma que

> [A ficção pós-modernista tem afinidades estreitas com o género da ficção científica e inspira-se na ficção científica para os seus motivos e topoi. É capaz de se inspirar na ficção científica desta forma porque a ficção científica, tal como a ficção pós-modernista, é ela própria governada pela dominante ontológica (74).

Aqui, como parte do processo ontológico, o pós-modernismo adapta-se às condições que os textos de ficção científica utilizam para que se desenvolvam relações mútuas e cada princípio complemente o outro de forma adequada. Por esta razão, Hutcheon afirma que "[...] o que a ficção pós-moderna faz, no entanto, é inverter o processo: instala o poder, mas depois desafia-o. [...]" (180). [...]" (180). Este processo de duplicação cria uma espécie de tendência humorístico-irónica que preenche a relação entre o pós-modernismo e a ficção científica. Acrescenta ainda que "[...] [o] efeito é destacar ou 'destacar' e subverter ou 'subverter' e o modo é, portanto, 'conhecimento' e ironia - ou mesmo 'ironia' - [...]" (1). Por conseguinte, neste caso, uma das principais preocupações é o processo de desnaturalização destes princípios ontológicos. Como diz Hutcheon, "[...] a preocupação inicial do [p]ostmodernismo é desnaturalizar algumas das caraterísticas dominantes do nosso modo de vida [...]" (2).

Adams utiliza estas caraterísticas ontológicas pós-modernas com elementos SF que têm os seus próprios nomes SF na sua série Hitchhiker através do seu modo humorístico e cómico de contar histórias. Também aplica o riso e a paródia ao seu Hitchhiker's Guide to The Galaxy para subverter os significados originais com novas mudanças paradigmáticas. Pela mesma razão, Kropf salienta no seu ensaio que "[...] tal como a epopeia paródica, os romances paródicos de ficção científica de Adams subvertem a maioria das expectativas paradigmáticas que os leitores trouxeram para o género e, ao subverter as convenções habituais do género, Adams subverte também toda a sua função ideológica. [...]" (61).

Além disso, McHale esclarece o objetivo desta abordagem crítica através das suas caraterísticas ontológicas com a ficção científica enquanto género, afirmando que "[...] a ficção [p]ostmodernista, como já demonstrei longamente, é acima de tudo uma arte que estilhaça ilusões; perturba sistematicamente o ar da realidade ao colocar em primeiro plano a estrutura ontológica dos textos e mundos ficcionais [...]" (221). Consequentemente, estas caraterísticas estruturais da paródia, da ironia, da sátira, do riso, etc., aparecem de forma proeminente no romance, subvertendo comicamente conceitos familiares e a seriedade dos elementos da ficção científica. A citação abaixo, de The Hitchhiker's Guide to the Galaxy, de Adams, demonstra o mesmo entendimento:

[...] O Guia do Viajante Galáctico tem muito a dizer sobre toalhas. Uma toalha é a coisa mais útil que um viajante interestelar pode ter. Por um lado, tem um grande valor prático. Podes enrolá-la à tua volta para te manteres quente enquanto atravessas as luas frias de Jaglan Beta; podes deitar-te sobre ela nas praias de mármore brilhante de Santraginus V, respirando os vapores inebriantes do mar; podes dormir debaixo dela sob as estrelas que brilham tão vermelhas sobre o mundo desértico de Kakrafoon; usá-la para navegar um mini-barco pelo lento e pesado rio Moth; molhá-la para a usar em combate corpo a corpo; Enrola-a à volta da cabeça para te protegeres de fumos nocivos ou para evitares o olhar da voraz besta Bugblatter de Traal (uma besta de uma estupidez espantosa, que funciona segundo o princípio de que se não a consegues ver, ela não te consegue ver - tão estúpida como os seus pés, mas muito, muito voraz); podes acenar com a tua toalha numa emergência como sinal de socorro e, claro, secar-te com ela se ainda parecer suficientemente limpa [...]...]...] (26-27).

Neste exemplo, o valor ontológico de uma "toalha" é transformado a outro nível. Além disso, são atribuídos novos valores e significados a este objeto. Como resultado, no romance, este simples objeto, uma "pasta", é desconstruído com conteúdos e propósitos pós-modernos cómicos; de arma de combate a dispositivo de sinalização para notificação em viagens espaciais e assim por diante. Desta forma, este objeto pós-moderno desconstruído, uma "pasta", é analisado em termos de elementos de ficção científica. Com base nesta situação, Adams sublinha a importância de usar uma "pasta" durante a viagem interestelar do viajante à boleia. Adams acrescenta ao mesmo caso o seguinte:

[Mais importante ainda, uma toalha tem um imenso valor psicológico. Por alguma razão, se um strag (strag: não viajante à boleia) descobre que um viajante à boleia tem a sua mala consigo, assume automaticamente que ele também está na posse de uma escova de dentes, uma flanela, uma barra de sabão, uma lata de biscoitos, uma garrafa de água, uma bússola, um mapa, um novelo de corda, um repelente de mosquitos, equipamento de proteção contra as intempéries, um fato espacial, etc. etc. [...] (27).

Neste contexto, McHale esclarece ainda mais um ponto muito urgente ao mostrar as relações usadas nas tecnologias SF em que "[...] [s]tories of space travel, though far from all of them, are projected into the future, for the obvious reason that they depend on technologies that have been extrapolated from those of today [...]" (60). Este ponto mostra o efeito de um objeto básico, uma "pasta", e as suas atribuições SF que são intencionalmente atribuídas por Adams.

Por outro lado, outro passo crucial aqui, como foi frequentemente mencionado na parte teórica, é o processo das bases estruturais do pós-modernismo como a paródia, a ironia, o riso e a sua análise de acordo com as citações do Guia do Mochileiro das Galáxias. Os princípios teóricos e as relações entre a FC e as caraterísticas estruturais do pós-modernismo, em particular a paródia, a ironia, a sátira e o riso, foram analisados e explicados na secção teórica. Aqui, o objetivo principal é examinar estas relações entre The Hitchhiker's Guide to the Galaxy e a paródia. Para o mesmo fim, o ensaio de Kropf examina a interação da paródia com este texto de ficção científica, resumindo assim o apogeu das circunstâncias paródicas pós-modernas em termos dos rudimentos totais da exposição.

[...]. A ficção científica celebra frequentemente o triunfo do espírito humano, encarnado num herói de proporções épicas, sobre obstáculos aparentemente impossíveis. Mas o herói improvável de Adams, Arthur Dent, é um britânico vulgar cuja demanda heróica se limita a encontrar uma chávena de chá que se possa beber. Enquanto a ficção científica convencional descreve a descoberta ou o regresso da Terra ao seu lugar de direito, como primeiro entre iguais na comunidade galáctica (62).

No que diz respeito aos objectivos literários da paródia em circunstâncias pós-modernas, Hutcheon afirma que "[...] [w]hat postmodern parody indicates is the recognition that these are the only technological updates of these old trappings of realism [...]" (90). Para além disso, de forma a explicar o princípio fundamental da paródia pós-moderna, Hutcheon salienta que "[...] [I]d like to argue that postmodernist parody is a form of problematization of values, a denaturalization of the recognition of the history (through irony, laughter, satire and humour) of representations [...]" (94). Assim, através destes modos de expressão pós-modernos, as relações importantes entre a SF e a abordagem crítica principal foram geridas na seguinte citação de Adams com a sua forma humorística de contar histórias no romance:

[...] "Homem da Terra, o planeta em que vivias foi encomendado, pago e gerido por ratos. Foi destruído cinco minutos antes da conclusão do objetivo para o qual foi construído e temos de construir outro."
O Arthur só se lembrava de uma palavra.
"Ratos?", disse ele.
"De facto, terrestre."
"Desculpe, estamos a falar das coisinhas brancas e peludas que se fixam no queijo e com quem as mulheres, em cima das mesas, gritam nas sitcoms dos anos sessenta?"
[...] Estas criaturas a que chamam ratos, como vêem, não são exatamente o que parecem. São apenas a projeção na nossa dimensão de seres pandimensionais extremamente hiperinteligentes. Todo esse queijo e chiado é apenas uma fachada... O velho fez uma pausa e, com uma careta de simpatia, continuou. "Receio que tenham andado a fazer experiências em si" (163-164).

Adams explica ainda esta circunstância paródica e cómica através da sua própria expressão e narrativa, utilizando acontecimentos cómicos incongruentes e as suas profundas explicações satíricas e irónicas. Consequentemente, em tais situações, Adams dá prioridade às suas personagens espirituosas, entre as quais Arthur Dent e

Slartibartfast, como se pode ver no caso seguinte, em que

[Oh não", disse ele, "agora estou a ver a origem do mal-entendido. Não, o que aconteceu foi que costumávamos fazer experiências com eles. Eram frequentemente utilizados na investigação comportamental. Pavlov e todo esse tipo de coisas [...] (163-164).

No final desta conversa entre Slartibartfast e Artur, Slartibartfast explica humoristicamente esta situação paródica a Artur da seguinte forma

[O que aconteceu foi que os ratos foram sujeitos a todo o tipo de testes, aprendendo a tocar campainhas, a percorrer labirintos e assim por diante, para que a própria natureza do processo de aprendizagem pudesse ser examinada. Observando o seu comportamento, pudemos aprender todo o tipo de coisas sobre o nosso próprio comportamento [...] (Adams, 2005: 163-164).

Nesta citação, esta situação paródica, tal como definida acima, ocorre entre as personagens Arthur e Slartibartfast durante uma conversa sobre o esclarecimento de uma questão intitulada "The World Is Ruled By Mice". Consequentemente, esta citação do romance examina a desconstrução paródica de um texto de ficção científica. A partir deste caso, Kropf refere no seu ensaio que "os romances 'Hitchhiker' de Douglas Adams provaram ser um fenómeno extremamente popular mas enigmático entre os leitores de ficção científica. Os críticos apreciaram uniformemente a sagacidade dos romances e a sua sátira/paródia sobre uma vasta gama de assuntos [...]" (61). Além disso, de acordo com Hutcheon, "[...] o que a paródia pós-moderna faz é evocar aquilo a que os teóricos da receção chamam o horizonte de expetativa do espetador, um horizonte formado por convenções reconhecíveis de género, estilo ou forma de representação. [...]" (114). Noutra citação de The Hitchhiker's Guide to the Galaxy, *a* circunstância paródica foi de novo enfatizada em consonância com o motivo da ficção científica:

[...] "Frotas de construtores Vogon". Eis o que fazer se quiseres ser deixado por um Vogon: esquece. Eles são uma das raças mais desagradáveis da galáxia. Não são exatamente maus, mas são mal-humorados, burocráticos, oficiosos e insensíveis. Nem sequer levantariam um dedo para salvar as suas próprias avós da Besta de Traal sem ordens assinadas em triplicado, enviadas, devolvidas, questionadas, perdidas, encontradas, sujeitas a inquérito público, novamente perdidas, e finalmente enterradas em turfa macia durante três meses e recicladas como acendalhas. "A melhor maneira de fazer um Vogon beber é enfiar-lhe um dedo na garganta, e a melhor maneira de o irritar é dar a sua avó a comer à voraz besta Bugblatter de Traal. "Nunca deixes um Vogon ler-te poesia" [...] (Adams, 2005: 52-53).

Neste exemplo, a raça alienígena chamada Vogon é descrita e, portanto, desconstruída ao longo do romance, o que é contrário à definição de alienígenas na ficção científica, cujo conteúdo depende principalmente de imagens emocionantes. No entanto, aqui esta raça é definida de uma forma mais humorística do que noutros textos de ficção científica. Além disso, foi salientado que, nesta citação, Adams utiliza o seu humor para exprimir os motivos e elementos desconstruídos da ficção científica com a colaboração de frases paródicas. Além disso, a técnica auto-reflexiva de Adams explica o seu objetivo e, ao mesmo tempo, a sua forma humorística de contar e de utilizar a sua linguagem particular e elevada, com as suas escolhas de estruturas paródicas cómicas, expressa a sua arte. Além disso, a sua utilização de expressões cómicas é expressa através dos elementos do riso. Nestes casos, Hutcheon define que

[...] [p]arody pode ser usado como uma técnica auto-reflexiva que mostra a arte como arte, mas também a arte como inelutavelmente ligada ao seu passado estético e mesmo social. A sua repetição irónica oferece também um sinal interiorizado de uma certa autoconsciência sobre os meios de legitimação ideológica da nossa cultura [...] (101).

Relativamente a estas expressões, Kropf explica a técnica de Adams segundo a qual "[...] nas mãos de Adams, nenhuma das convenções funciona de forma convencional; e tal como acontece na epopeia ficcional, os romances de Hitchhiker subvertem consequentemente toda a função do género [...]" (64).

Por outro lado, em The Hitchhiker's Guide to the Galaxy, a ironia foi classificada principalmente em duas categorias diferentes: ironia verbal e ironia situacional. Consequentemente, encontra-se sobretudo sob a forma de ironia verbal e de ironia situacional ao longo do romance. Há muitos e variados exemplos de ironia verbal e situacional em O Guia do Viajante Galáctico. Um dos exemplos mais frequentemente observados é a ironia verbal:

> [...] "Sabes", diz Arthur, "é em alturas como esta, quando estou preso numa câmara de vogon com um homem de Betelgeuse e estou prestes a morrer de asfixia no espaço, que gostava de ter ouvido o que a minha mãe me disse quando era jovem".
> "Porquê, o que é que ela te disse?"
> "Não sei, não ouvi" [...] (Adams, 2005: 75).

Esta situação irónica ocorre quando Arthur e Ford são transformados na nave espacial Vogon. Arthur começa então a contar a situação irónica que viveu anteriormente. Outro exemplo de ironia verbal no romance pode ser visto na definição do dispositivo de leitura eletrónica: "The Hitchhiker's Guide to the Galaxy":

> [...] [este] dispositivo tinha uma centena de minúsculos encaixes planos e um ecrã com cerca de 15 cm de lado, no qual se podia chamar qualquer uma de um milhão de 'páginas' em qualquer altura. Parecia insanamente complicado, o que é uma das razões pelas quais a capa de plástico em que foi inserido tinha as palavras 'NÃO ENTRE EM PÂNICO' impressas em grandes letras 'AMIGÁVEL' [...] (Adams, 2005: 26) *[2((nd) itálico) maiúsculas adicionadas]*.

Por outro lado, quando se trata de descrever a ironia situacional encontrada no romance, a seguinte citação é um dos exemplos mais marcantes:

> [...] O Guia do Viajante Galáctico é um livro verdadeiramente notável [...]. A introdução começa da seguinte forma: "O espaço", diz-se, "é grande. Realmente grande. Não vais acreditar como é imensamente grande, como é alucinante. Quero dizer, podes pensar que é um longo caminho para o químico, mas é uma ninharia comparado com o espaço [...] (Adams, 2005: 76).

Outro exemplo de uma ironia situacional no romance é uma conversa entre Arthur Dent e Ford Prefect, quando a casa de Arthur está prestes a ser demolida pelo Sr. Prosser para a construção de um desvio. Ford convence o Sr. Prosser a proteger os trabalhadores, deitando-se em frente do bulldozer amarelo em nome de Arthur para não demolir a casa de Arthur, pois Ford precisa de falar urgentemente com Arthur para o informar de um perigo iminente. Ford fala então com o Sr. Prosser com humor e ironia. Assim, nesta situação :

[...] Artur continua muito preocupado.
"Mas será que podemos confiar nele?
"Eu próprio confiaria nele até aos confins do mundo", disse o Sr. Ford.
"Oh sim", disse Artur, "e a que distância fica?"
"Cerca de doze minutos", diz Ford, "vamos lá,
Preciso de uma bebida [...] (Adams, 2005: 19).

Além disso, esta citação expressa as conversas cómicas e irónicas entre as personagens, Arthur Dent e Ford Prefect, sobre a sua viagem interestelar na nave espacial dos Vogons no espaço profundo. Começam a discutir um com o outro. Isto leva a algumas situações irónicas. Aqui, para descrever o seu estado de espírito, que está cheio de instâncias irónicas, Arthur está confuso e começa a falar sobre o espaço da seguinte forma

[...] Artur levantou-se com dificuldade e abraçou-se a si próprio com apreensão. Formas alienígenas hediondas pareciam estar a aglomerar-se à sua volta, o ar era denso com cheiros a mofo que lhe entravam nos pulmões sem serem identificados, e um zumbido baixo e irritante tornava difícil a concentração do seu cérebro [...] Será que isto é mesmo o interior de um disco voador? [...] Estou confuso [...] (Adams, 2005: 36-37).

Eis a outra e última situação irónica num computador chamado "Pensamento Profundo", que trata da "Resposta à última questão da vida, do universo e de tudo". Aqui a situação desenrola-se da seguinte forma:

[...]
"Tudo o que eu queria dizer", gritou o computador, "é que os meus circuitos estão agora irrevogavelmente empenhados em calcular a resposta à derradeira questão da vida, do universo e de tudo". Fez uma pausa para se certificar de que tinha captado a atenção de todos, antes de continuar com mais calma. "Mas vou precisar de um momento "PEQUENO" para executar o programa. [.].
"Durante quanto tempo?

"SETE MILHÕES E MEIO DE ANOS".
disse Deep Thought [...] (Adams, 2005: 173) *[Maiúsculas acrescentadas]*.

Além disso, Adams, a fim de se concentrar nas caraterísticas estruturais pós-modernas da sátira e do riso como os mais recentes meios de expressão utilizados no romance, em conjunto com a abordagem crítica, o termo bakhtiniano "carnavalesco" foi preferido para uso a fim de esclarecer a sátira e o riso em The Hitchhiker's Guide to the Galaxy. Segundo Hassan, no carnavalesco há :

> [...] "[a] festa do tempo", a festa do devir, da mudança e da renovação, "os seres humanos, então como agora, estão a descobrir" a lógica particular do "avesso", do "virar do avesso", [...] das muitas paródias e disfarces, humilhações, profanações, coroações e desalentos que virão [...] (171).

Por outro lado, Bakhtin utiliza o termo "orquestração" para definir a "polifonia" no contexto da narração carnavalesca. Em sua Imaginação dialógica, Bakhtin descreve os pontos fundamentais e determina essa circunstância literária da seguinte forma:

> O empréstimo mais famoso que Bakhtin faz da terminologia musical é o romance "polifónico", mas a orquestração é o meio para o conseguir. A música é a metáfora que nos permite passar da visão ao som [...]. As possibilidades de orquestração tornam qualquer segmento de texto quase infinitamente variável [...] (431).

Da mesma forma, Hassan enfatiza a "polifonia" referindo-se ao uso bakhtiniano e afirma que "carnavalização também significa 'polifonia', o poder centrífugo da linguagem, a 'relatividade gay' das coisas, perspetivismo e performance, participação na desordem selvagem da vida [...]" (171). Deste ponto de vista, McHale considera que existem estreitas semelhanças entre a narrativa carnavalesca e o romance picaresco:

> [O enredo típico do enredo carnavalesco é o de um conto de aventuras picaresco em que o pícaro procura, não a ascensão social e económica, mas respostas a "questões últimas". Esta busca filosófica das questões últimas leva o pícaro até aos limites do seu mundo, e mesmo para além dele. Visita o céu, o inferno ou outros planetas e trava "diálogos de limiar" com os habitantes desses mundos. Testando os limites da experiência humana, experimenta estados extremos da mente e do corpo - alucinação, loucura [...] (172).

Partindo de todos estes princípios, Kropf explica as semelhanças entre a narrativa carnavalesca e o romance picaresco em The Hitchhiker's Guide to the Galaxy de Adams:

> Poder-se-ia razoavelmente dizer que as obras de Adams são romances SF picarescos. Tal como o picaroto, as personagens principais vagueiam, aparentemente ao acaso, de um sítio para outro e, embora permanecendo elas próprias intocadas, expõem os seus próprios absurdos e os das sociedades que encontram (61).

Além disso, a semelhança essencial entre o romance picaresco e a sátira explica-se pela procura ideológica de Picaro para encontrar o sentido da vida, a fim de a melhorar. Esta circunstância leva Picaro a encontrar várias personagens e acontecimentos grotescos no imaginário carnavalesco. Neste caso, McHale afirma que

> [...]. No entanto, a busca do pícaro é motivada por uma fome visionária ou utópica de uma ordem social mais perfeita. Para além destes topoi, que são essencialmente os da sátira menipéia, a literatura carnavalesca também absorveu diretamente das práticas populares do carnaval as suas caraterísticas imagens grotescas do corpo humano [...] (172).

Assim, segundo Bakhtin, essas especialidades carnavalescas são expressas por várias vozes, o que ele chama de "heteroglossia". Ele explica esta circunstância literária em termos da sua relação com o romance polifónico (orquestração) e o dialogismo:

> [O discurso do autor, o discurso dos narradores, os géneros inseridos, o discurso das personagens são apenas as unidades composicionais fundamentais com que a heteroglossia pode entrar no romance; cada uma delas permite uma multiplicidade de vozes sociais e uma grande variedade das suas ligações e inter-relações [...]. Estas ligações e inter-relações distintivas entre enunciados e linguagens, este movimento do tema através de diferentes linguagens e géneros discursivos, a sua dispersão nos rios e regatos da heteroglossia social, a sua dialogização - eis o traço distintivo fundamental da estilística do romance [...] (263).

Além disso, McHale esclarece o significado desses termos bakhtinianos e sua relação com a valorização do riso menipéia e da sátira com topoi carnavalescos na literatura da seguinte forma:

[Mikhail Bakhtin foi, evidentemente, o mais influente neste domínio. Bakhtin atribuiu o carácter polifónico do romance às suas raízes históricas nas práticas carnavalescas populares e nos vários géneros verbais associados ao carnaval. Em particular, as práticas carnavalescas foram transmitidas através do género da sátira menipéia, que se desenvolveu inicialmente em contacto direto com o carnaval popular e foi reconstituído a intervalos regulares no decurso da história literária como resposta dialética à consolidação de géneros literários "oficiais" e monológicos. Os géneros "carnavalizados", como a sátira menipéia, são, neste sentido, a antítese dialética e o duplo paródico da literatura oficial. A ficção pós-modernista é a herdeira da sátira menipéia e seu mais recente avatar histórico [...] (172).

Consequentemente, estas relações satíricas e risonhas também foram observadas ao longo de The Hitchhiker's Guide to the Galaxy, através dos acontecimentos e personagens grotescos, bem como da inversão da importância e do valor originais do texto de ficção científica, todos eles intencionalmente virados do avesso pela narrativa humorística de Adams. Consequentemente, estes efeitos de inversão levados a cabo por Adams têm atribuições surpreendentes e confusas para a compreensão literária da ficção científica, porque através destes contributos é possível observar acontecimentos que são contrários ao tratamento sério original da maioria dos textos de ficção científica. Como explica Hutcheon em Postmodernism, "[...] postmodernism raises the uncomfortable question of the ideological power behind basic aesthetic questions such as that of representation: what reality is being represented [...]" (182). Além disso, a mesma situação é analisada por Kropf mais adiante:

[O resultado é uma boa dose de humor, pois em cada caso as expectativas normais do leitor são defraudadas. Um efeito mais importante destas inversões é o facto de os romances de Adams se tornarem reflexivos, comentando o fracasso dos paradigmas de género e levantando questões sobre a natureza e a função do género, tal como é entendido em termos da resposta do leitor (62).

Os exemplos que se seguem, relativos ao elemento grotesco-satírico e ao caso do riso, são retirados do romance para mostrar estas relações em termos pós-modernos:

[...] Os dossiers do Ford Prefect eram de facto muito interessantes e teriam feito saltar os olhos de qualquer físico terrestre, por isso escondia-os sempre mantendo no topo alguns guiões descascados de peças de teatro para as quais fingia fazer audições [...] (Adams, 2005: 25-26).

Além disso, McHale argumenta que estas relações mútuas entre a ficção científica e a ficção pós-moderna dependem do facto de cada princípio partilhar uma imagem carnavalesca e topoi satíricos menipéia, e de adaptarem estas condições às suas próprias. Como McHale argumenta:

[O repertório de topoi menipéia e carnavalesco sobrepõe-se em certos pontos aos repertórios dos géneros de ficção científica e, portanto, às adaptações pós-modernas da ficção científica [...] esses topoi caraterísticos da literatura carnavalesca são também topoi caraterísticos da ficção pós-moderna [...] (173).

Além disso, para outra imagem grotesca de descrição satírica, a personagem alienígena cómica e humorística de Adams, Zaphod Beeblebrox, é examinada de perto para mostrar a descrição de imagens satíricas grotescas utilizadas na sátira menipéia em conjunto com o romance polifónico. Assim, a citação seguinte mostra que

[Zaphod Beeblebrox tinha um aspeto quase humanoide, à exceção da cabeça e do terceiro braço. O seu cabelo louro desgrenhado voava em todas as direcções, os seus olhos azuis brilhavam com uma luz não identificável e o seu queixo estava quase sempre por barbear [...] (41).

Aqui, para esta citação, McHale mostra as discrepâncias entre as personagens do mundo ficcional e as personagens do mundo real, iluminando os seus afectos, "[...] [o] mundo ficcional é acessível ao nosso mundo real, mas o mundo real não é acessível ao mundo ficcional; por outras palavras, podemos conceber as personagens ficcionais e o seu mundo, mas elas não nos podem conceber a nós e ao nosso mundo [...]" (35).

Por outro lado, no que diz respeito ao riso numa situação cómica, foi analisado com este acontecimento em que Arthur Dent e Ford Prefect, assim que entram no navio Vogon, Ford conhece a ameaça e o perigo iminentes, expressando os seus sentimentos em relação a Arthur da seguinte forma:

[.]
"Achas que temos problemas!"
Do lado de fora da porta, ouve-se claramente o som de passos
[.].
"Se tivermos sorte, são apenas os Vogons que nos vêm atirar para o espaço", diz Ford.
"E se não tivermos sorte?"

"Se tivermos azar", disse Ford sombriamente, "o capitão pode estar a falar a sério na sua ameaça de nos ler alguma da sua poesia primeiro" [...] (Adams, 2005: 62-63).

A citação do romance acima, que faz rir à gargalhada, diz respeito à conversa entre Arthur e Ford, na qual discutem os problemas iminentes e as possíveis instâncias que poderão ocorrer na nave espacial dos Vogons, caso sejam detectados por eles.

Outro acontecimento cómico de rir à gargalhada em The Galactic Traveller's Guide é a definição de uma bebida chamada "Pan Galactic Gargle Blaster":

[...] O Guia do Viajante Galáctico também menciona o álcool. Diz que a melhor bebida que existe é o Pan Galactic Gargle Blaster. Diz que beber um Pan Galactic Gargle Blaster é como ter o cérebro esmagado por uma rodela de limão enrolada num grande tijolo de ouro [...] (Adams, 2005: 20).

De igual modo, para explicar o último acontecimento cómico, cujo conteúdo depende sobretudo da circunstância do riso no romance, este tem lugar durante a conversa entre Arthur Dent e Ford Prefect por ocasião da utilização de um livro eletrónico: "The Hitchhiker's Guide to the Galaxy":

[Artur pegou no livro e tentou evitar que as suas mãos tremessem. Carregou na entrada da página em questão. O ecrã piscou, rodopiou e transformou-se numa página impressa. O Artur ficou a olhar para ela.

"Não há maneira de entrar", exclamou.
Ford olha por cima do ombro.
"Sim, é isso mesmo", diz ele, na parte inferior do ecrã, mesmo por cima de Eccentrica Gallumbits, a prostituta de peito triplo do Eroticon 6.
Arthur seguiu o dedo de Ford e viu para onde ele estava a apontar. Por um momento, não compreendeu, mas depois a sua mente quase explodiu.
"O que é que é inofensivo? É só isso que existe? Inofensivo! Só uma palavra!
[...].

"E o que é que diz agora?"
"Na maior parte das vezes, inofensivo", admitiu Ford com uma tosse ligeiramente embaraçada [...] (Adams, 2005: 61-62).

Este caso cómico passa-se mais uma vez na nave espacial Vogon, quando Arthur e Ford tentam encontrar uma solução para os salvar desta zona em que o controlo e o poder total pertencem à raça Vogon. Decidem consultar o livro eletrónico: "The Hitchhiker's Guide to The Galaxy" e é aqui que Arthur se depara com um acontecimento humorístico e cómico ao tentar verificar este dispositivo e ligá-lo, se funciona ou não, e vê a palavra que é o ponto central deste romance: "Mostly Harmless". Uma situação cheia de gargalhadas e de aventuras cómicas sucede-se em .

Em conclusão, nesta secção, a análise dos elementos da ficção científica, as suas clarificações no âmbito das caraterísticas estruturais pós-modernas como a paródia, a ironia, a sátira e o riso foram estudadas e analisadas através de citações do Guia do Mochileiro das Galáxias de Adams, como vimos acima.

CAPÍTULO TRÊS

ANÁLISE E ARGUMENTAÇÃO IDEOLÓGICA REALIDADE ALTERNATIVA NO O GUIA DO VIAJANTE À BOLEIA PARA A GALÁXIA

Nesta secção, as explicações sobre a autenticidade e a sua informação terminológica foram dadas anteriormente na secção teórica, com base nos estudos do Jargão da Autenticidade de Adorno. Como a análise na parte teórica mostrou, o elemento principal da autenticidade é a atividade individual autoconsciente e, além disso, o eu autêntico tem muitas caraterísticas superiores que indicam e definem o termo autenticidade em profundidade. Aqui, o termo autenticidade foi adaptado do Guia do Mochileiro das Galáxias da seguinte forma:

> [...] [c]ourageiramente, os golfinhos há muito que sabiam que o planeta Terra estava prestes a ser destruído e tentaram repetidamente alertar a humanidade para o perigo, mas a maior parte das suas comunicações foram interpretadas como tentativas divertidas de dar pontapés na bola ou assobiar para obter informações, pelo que acabaram por desistir e deixaram a Terra por sua conta pouco antes da chegada dos Vogons [...]. Na verdade, só havia uma espécie no planeta mais inteligente do que os golfinhos, e ela passava a maior parte do tempo em laboratórios de investigação comportamental, correndo atrás de rodas internas e realizando experiências assustadoramente elegantes e subtis com seres humanos. O facto de, mais uma vez, o homem ter interpretado completamente mal esta relação estava inteiramente de acordo com os planos destas criaturas [...] (Adams, 2005: 156-157).

Este acontecimento faz parte do esclarecimento da demolição dos destroços do mundo para a construção de um desvio para os Vogons. Este evento resulta, portanto, na extinção dos "golfinhos", um resultado inevitável de acordo com esta narrativa humorística pós-moderna de ficção científica, mas o seu comportamento para informar a humanidade do perigo iminente que se aproxima e estes assuntos humorísticos acima referidos são mal interpretados e ignorados.

incompreendidos pelos humanos. Esta situação humorística e cómica é sublinhada pelo conteúdo da ficção científica pós-moderna. Assim, nesta citação do romance, analisou-se que a autenticidade e a inautenticidade estão em conflito uma com a outra, porque no romance se afirma que os "golfinhos" têm as suas próprias capacidades e caraterísticas, mas, por outro lado, graças às qualidades pós-modernas, esta compreensão é subvertida de uma forma cómica que é expressa e considerada como inautêntica, produzindo-se assim a ideologia da inautenticidade.

Para além disso, na mesma citação de The Hitchhiker's Guide to The Galaxy acima, o mesmo entendimento de situações autênticas e inautênticas relativamente aos "ratos" é analisado da mesma forma que no caso dos golfinhos. Em ambos os animais, houve discrepâncias entre as suas próprias caraterísticas e as atribuições que lhes foram feitas através de qualidades pós-modernas. Para além disso, noutra citação, foram enunciadas ideologias autênticas e inautênticas:

"O peixe de Babel", diz calmamente o Guia do Viajante para a Galáxia, "é pequeno, amarelo e parecido com uma sanguessuga, e é provavelmente a coisa mais estranha do universo. Alimenta-se da energia cerebral recebida, não do seu próprio portador, mas daqueles que o rodeiam. Absorve todas as frequências mentais inconscientes dessa energia cerebral e alimenta-se delas. Depois excreta para a mente do seu portador uma matriz telepática formada pela combinação das frequências dos pensamentos conscientes com os sinais nervosos captados pelos centros de fala do cérebro que os forneceu. O resultado prático de tudo isto é que, se colocarmos um peixe de Babel no ouvido, podemos compreender instantaneamente tudo o que nos é dito em qualquer forma de linguagem. Os padrões de fala que ouve descodificam a matriz de ondas cerebrais que foi introduzida na sua mente pelo seu peixe Babel [...] (Adams, 2005: 58-59).

Esta citação do romance tem lugar na clarificação de um livro eletrónico: "The Hitchhiker's Guide to The Galaxy". Este "peixe de Babel" foi dado a Arthur por Ford para traduzir a língua dos Vogons, pois é capaz de traduzir todas as línguas para a língua-alvo escolhida, desde que seja aproximado do ouvido. Arthur usa este animal como tradutor para compreender a língua dos Vogons.

Do mesmo modo, na citação acima, as caraterísticas autênticas de um peixe são transferidas para uma caraterística não autêntica, de modo a transformarem-se numa ontologia diferente num outro universo e não no próprio mundo. Dessa forma, ela se expressa de diferentes maneiras através das caraterísticas estruturais da paródia e do riso. Para o mesmo entendimento de ideologia como princípio cultural, McHale aponta que "[...] [i]n other words, to 'do' ontology, from this perspective, is not necessarily to seek a foundation for our universe; it might just as well involve describing other universes, including 'possible' or 'impossible' universes [...]" (27).

Se esta ideologia de autenticidade e inautenticidade for tratada desta forma, através de caraterísticas contraditórias de amostras de textos de ficção científica de acordo com as caraterísticas pós-modernas, surge a questão da indeterminação devido a estas situações humorísticas divergentes e incongruentes, tal como analisadas em The Hitchhiker's Guide to the Galaxy de Adams. Para compreender a indeterminação pós-moderna no contexto de certas ideologias culturais, tal como se observa na autenticidade e inautenticidade, Hassan salienta que "[...] [a]ssim como no pensamento científico, no pensamento cultural, a indeterminação preenche o espaço entre a vontade de fazer e de desfazer [...]" (65-66).

Outros elementos culturais são as ideologias da alteridade e da alienação. As explicações pormenorizadas destes princípios, alteridade e alienação, foram mencionadas na secção teórica acima. Por isso, nesta secção, estas circunstâncias ideológicas foram explicadas utilizando citações de O Guia do Viajante Galáctico de Adams.

O primeiro exemplo no romance é examinado para mostrar estas ideologias de alteridade e alienação da seguinte forma: "[...] Artur disse, não está a perceber, é a primeira vez que estou à superfície de outro planeta [...] um mundo completamente estranho [...]! É uma pena que seja uma lixeira [...]" (140). Esta citação permite-nos analisar o sentimento de alienação de Artur em relação ao novo planeta chamado

Magrethea. Para Artur, este planeta é diferente da Terra. Além disso, para os outros seres vivos deste planeta, ou seja, para os extraterrestres, Artur é o outro. Por conseguinte, a ideologia da alteridade e a ideologia da alienação são examinadas mutuamente ao longo do romance. Noutros exemplos do romance, estes casos foram analisados da seguinte forma: "[...] algures no cosmos, ao lado de todos os planetas habitados por humanóides, reptilóides, fisóides, arboroides ambulantes e superinteligentes de cor azul, havia também um planeta inteiramente dedicado a formas de vida de mármore [...]" (Adams, 2005, p. 148).

Nesta passagem, a variedade de formas de vida em diferentes planetas e os seus tipos foram explicados no romance. Consequentemente, estas divergências e diferenças foram examinadas como pontos-chave para clarificar os termos "alteridade" e "alienação". Para além disso, na citação seguinte, o diálogo entre Marvin e Arthur foi analisado de forma a apresentar um dos elementos culturais, a alienação, neste romance.

[.]
"Mas aquele pôr do sol! Nunca vi nada assim, nem nos meus sonhos mais loucos. Os dois sóis! Pareciam montanhas de fogo a borbulhar no espaço."
"Eu vi-o", diz o Marvin. "É uma porcaria.
"Só tivemos um sol na nossa terra", diz o Arthur. "Eu venho de um planeta chamado Terra, sabes? (Adams, 2005: 149).

Consequentemente, estes elementos culturais de autenticidade, alienação e alteridade, e a sua importância como aspectos ideológicos, foram realçados e observados em The Hitchhiker's Guide to the Galaxy de Adams.

Além disso, nesta secção, O Guia do Viajante Galáctico de Adams foi também analisado como um argumento. O objetivo aqui é mostrar as realidades alternativas que ocorrem no romance e que apresentam uma correspondência de um para um com o conteúdo, a fim de destacar a forma como estas realidades alternativas se enquadram nos princípios das qualidades pós-modernas e nos textos de ficção científica. Em primeiro lugar, as realidades alternativas têm sido observadas principalmente em textos de ficção científica devido às correspondências entre o conteúdo temático e as caraterísticas estruturais pós-modernas . Nestas realidades alternativas, o principal objetivo é usar referências em que uma variedade de conceitos culturais, sociais e logocêntricos são usados de modo a que as representações modificadas acrescentem novas atribuições e funcionem como uma nova mudança de factos e bases sem perder a sua ligação original com as referências ou logos que representam. O termo "mudança" aqui significa que o novo topoi de uma realidade alternativa tem suas novas qualificações e representações, permitindo que ocorra com as caraterísticas intencionais e estruturais da ideologia pós-moderna.

Por outro lado, a segunda forma de criar uma realidade alternativa é fazer um esforço incrível para mudar o curso dos acontecimentos através de casos inexplicáveis ou improváveis e os seus inevitáveis resultados humorísticos com a combinação de técnica pós-moderna e conteúdo SF.

Além disso, estas realidades alternativas são produzidas para efeitos de desconstrução, a fim de realçar novas qualificações e contribuições pós-modernas. Do mesmo modo, em The Hitchhiker's Guide to the Galaxy, de Adams, estas realidades alternativas foram observadas e produzidas pelo autor para mostrar e descrever referências pós-modernas humorísticas e paródicas à SF que foram colocadas lado a lado com referências ao logos universal. Entre estas, no romance, como se pode ver na conversa entre Ford e Arthur neste

[...]
"Oh." Ford continua a cantarolar.

É ótimo", diz Arthur, "a coluna do Nelson desapareceu, o McDonald's desapareceu, só restamos eu e as palavras Mostly Harmless. A qualquer momento, não vai sobrar nada além de Principalmente Inofensivo. E ontem, o planeta parecia estar a ir tão bem" [...] (Adams, 2005: 75).

Esta situação tem lugar após a destruição da Terra pelos Vogons e, para esta situação, Arthur partilha os seus pensamentos com Ford, mencionando o logótipo universalmente conhecido e a sua subsequente ausência, continuando depois a expressar os seus sentimentos por esta circunstância. Esta situação cria, portanto, uma realidade alternativa através da combinação de qualidades pós-modernas com o conteúdo do texto SF. Além disso, numa outra citação, a representação dos objectos pessoais de Ford na sua mochila, novamente sob o logótipo universal, é clarificada como uma realidade alternativa, "[...] [i]n's Ford's satchel were a few ballpoint pens, a notepad and a large 'Marks and Spencer' bath towel [...]" (Adams, 2005: 26).

Por outro lado, como explicámos acima, a segunda forma de criar uma realidade alternativa é o tratamento pós-moderno da narrativa inexplicável e a sua adaptação a textos SF, ou seja, esta realidade alternativa é produzida através da combinação de elementos SF com narrativas artísticas pós-modernas. Em The Galactic Traveller's Guide também encontramos tais exemplos, incluindo uma questão importante sobre o uso do "motor de improbabilidade infinita". A sua descrição como dispositivo tecnológico é expressa e definida da seguinte forma: "O motor de improbabilidade infinita é um novo método maravilhoso de atravessar vastas distâncias interestelares num milésimo de segundo, sem ter de se preocupar com o hiperespaço [...]" (Adams, 2005: 86). Consequentemente, este dispositivo é visto como uma realidade alternativa para o progresso tecnológico futuro. Como refere Kropf, "[...] a ficção científica, por definição, extrapola sempre algum tipo de futuro razoavelmente credível [...]" (64). No romance, esta situação relativa à utilização do "The Infinite Improbability Drive" é ilustrada pela seguinte citação:

[O ataque mortal de mísseis que em breve será lançado por um antigo sistema de defesa automático resultará simplesmente na quebra de três chávenas de café e de uma gaiola de rato, na contusão do braço de alguém e na criação intempestiva e morte súbita de uma tigela de petúnias e de um inocente cachalote [...] (Adams, 2005, p. 122).

Na citação acima, esta circunstância foi criada de uma forma humorística, pois todas as personagens, Zaphod Beeblebrox, Ford Prefect, Arthur Dent, Trillian e Marvin estão a bordo da nave espacial chamada "Heart of Gold", estão a tentar aterrar num planeta chamado Magrethea mas como sistema de defesa, o planeta mostra resistência e ataca enviando foguetes para destruir a nave espacial e nesta situação, Arthur carrega acidentalmente no botão do "The Infinite Improbability Drive" e a crise é resolvida com sucesso. Kropf explica esta situação utilizando o mesmo campo de compreensão:

> [...] Depois de abrir os romances com a aparente destruição da Terra, Adams coloca os seus personagens a bordo do Coração de Ouro, uma nave movida pelo Motor da Improbabilidade Infinita, capaz de levar os viajantes a qualquer tempo ou lugar que desejem visitar. No campo da improbabilidade criado pelo motor, tudo, mesmo o mais improvável, pode acontecer [...]. Em O Guia do Viajante, o primeiro romance da série, a nave é atacada por dois mísseis termonucleares. As personagens escapam activando o motor da improbabilidade, transformando os mísseis numa taça de petúnias e num cachalote que mergulham na superfície do planeta [...] (67).

A propósito da mesma circunstância acima referida, Kropf afirma ainda que "[...] [as] obras fornecem uma espécie de extrapolação do estado atual da ciência ou da tecnologia e que este ambiente modificado condiciona os termos do conflito [...]" (64).

Além disso, uma outra realidade alternativa que foi examinada ao longo do romance como elemento central do argumento é "A resposta à questão última da vida, do universo e de tudo" e é analisada por uma representação cómica pós-modernista no contexto da ficção científica:

> [Diga-nos!
> "Muito bem", disse o Pensamento Profundo. "A resposta para a grande pergunta..."
> "Sim ... !"
> "Da vida, do universo e de tudo..." diz o Pensamento Profundo.
> "Sim ... !"
> "É..." diz o Pensamento Profundo, e faz uma pausa.
> "Sim ... !"
> "É..."
> "Sim... ! !! ... ?"
> "Quarenta e dois, diz o Pensamento Profundo, com infinita majestade e calma [...] (Adams, 2005: 180-181).

Além disso, após a explicação de "A resposta para a questão última da vida, do universo e de tudo" do Pensamento Profundo como 42 (quarenta e dois) aqui, na situação seguinte, ocorre outra realidade alternativa:

[Não estou a falar de outra coisa senão do computador que me vai suceder", declarou o Pensamento Profundo, a sua voz voltando ao seu tom declamatório habitual. "Um computador para o qual eu não sou digno de calcular os mais pequenos parâmetros de funcionamento e, no entanto, vou desenhá-lo para ti. Um computador que pode calcular a Pergunta de Resposta Definitiva, um computador de complexidade tão infinita e subtil que a própria vida orgânica se tornará parte da sua matriz operacional. E vós próprios ireis assumir novas formas e descer ao computador para navegar no seu programa de dez milhões de anos! Sim! Eu conceberei este computador para vós. E dar-lhe-ei um nome. E ele chamar-se-á ... A Terra". (Adams, 2005: 183184).

Por conseguinte, diz-se que a "Terra" é a realidade alternativa e que é ao mesmo tempo considerada como a versão mais desenvolvida de um computador; o "Pensamento Profundo". Kropf, por seu lado, afirma esta circunstância de uma realidade alternativa no seu ensaio e define-a como um "fechamento ideacional":

[...] o fecho informativo dá ao leitor uma ideia de "como tudo acaba" quando se refere ao processo de mudança social, científica e tecnológica que vemos ocorrer no decurso da nossa vida quotidiana, e a obra dará uma resposta razoavelmente credível à questão de saber para onde nos dirigimos [...] (64).

Estas explicações e exemplos de realidades alternativas ajudaram a clarificar o objetivo de Adams. O seu objetivo final é subverter o entendimento comum da ideologia e do conteúdo/forma dos textos originais de ficção científica, por outras palavras, desconstruir estes elementos através da criação de realidades alternativas, uma vez que a ideia de Adams de um substrato inconclusivo é o principal impulso da sua desconstrução, cujo conteúdo não depende de regras ou ditames. Pelo contrário, graças a estes princípios, todos os acontecimentos improváveis, inevitáveis e inexplicáveis da ficção científica têm lugar, e estas situações trazem à luz factos surpreendentes que mudam a nossa compreensão da base original da ficção científica. Como Kropf salienta:

[Os romances de Adams, porém, são uma crónica de finais abortivos e conclusões inconclusivas em que o autor faz tudo o que está ao seu alcance para ultrajar a verosimilhança. Num tal contexto, é claro, tudo pode acontecer, e a marcha supostamente ordenada dos acontecimentos ficcionais e as nossas expectativas de extrapolação razoável e encerramento ideológico evaporam-se [...] (67).

Portanto, a partir do conjunto de citações acima, o Guia do Viajante Galáctico de Adams apresenta as suas realidades alternativas e descreve-as de uma forma que é simultaneamente lógica e humorística, de modo a que o fluxo de acontecimentos tome o seu lugar espontaneamente e seja formado de uma forma tão planeada e ficcional com afinidades humorísticas pós-modernas no texto de ficção científica que o resultado é uma nova versão de ficção científica paródica como um género literário dentro da concetualização pós-modernista. Embora pareçam ter qualidades contrárias ao conteúdo original da ficção científica e aos seus princípios literários, que são sérios na sua forma e nos seus encontros, este texto humorístico pós-moderno de ficção científica desconstrói conceitos e normas tradicionais através destas realidades alternativas.

Por conseguinte, são implementadas em todas as partículas destas mudanças únicas com as suas facetas temáticas, estilísticas e estruturais cujas caraterísticas são adaptadas ao romance de Adams em profundidade. Além disso, através destas qualidades literárias, Adams atinge os seus objectivos intencionais que contribuem para o desenvolvimento da forma pós-modernista do texto paródico de ficção científica como género literário.

CONCLUSÃO

Este estudo tentou lançar luz sobre um resultado literário, analisando o romance de Douglas Adams, The Hitchhiker's Guide to the Galaxy, como um romance pós-moderno de ficção científica em termos das suas qualidades e especialidades particulares. Ao longo do romance, o uso da paródia científica pós-moderna e outras caraterísticas estruturais pós-modernas, cujas caraterísticas se baseiam em modos de expressão literários pós-modernos, foram analisadas como o principal objetivo deste estudo. Consequentemente, o âmbito deste estudo centrou-se nestes aspectos do romance. Além disso, os princípios gerais utilizados neste estudo mostram que, ao longo do romance, foi possível observar e examinar estas qualidades pós-modernas da SF em conjunto com aspectos pós-modernos de expressões literárias como a paródia, a sátira, a ironia, o riso e outros assuntos cómico-humorísticos.

Ao longo deste estudo, que consiste em três partes e respectivas secções, foram descritas e analisadas várias qualidades e caraterísticas pós-modernas da ficção científica enquanto género. Para além disso, estes princípios pós-modernos desconstruídos foram também explicados juntamente com a sua relação com as qualidades da ficção científica. Foram analisadas e explicadas as informações de base, os procedimentos de desenvolvimento histórico e as transformações da ficção científica enquanto género. Além disso, os elementos especiais, as diferentes categorias e as caraterísticas tecnológicas da ficção científica foram introduzidos nas contribuições dos teóricos da ficção científica. Em segundo lugar, foi introduzida a abordagem crítica deste estudo como campo de aplicação e objetivo principal: o pós-modernismo. Aqui, as caraterísticas do pós-modernismo com os seus múltiplos conteúdos foram analisadas através das técnicas e qualidades especiais que contém como principal abordagem crítica. Estas caraterísticas do pós-modernismo foram depois examinadas à luz das doutrinas teóricas de uma série de críticos pós-modernos cujo trabalho foi apresentado como parte deste estudo.

Dentre essas qualidades pós-modernas, foram discutidas as caraterísticas ontológicas pós-modernas com suas unificações ao texto da SF em termos de relações mútuas para que essas caraterísticas ontológicas possam ser adaptadas às citações de O Guia do Mochileiro das Galáxias como parte de um dos principais campos de aplicação deste estudo. Além disso, nessa perspetiva, para aplicar essas caraterísticas ontológicas ao conteúdo da SF, com suas explicações teóricas, foram mencionados dois conceitos: o primeiro é a questão da duplicação e o segundo é a ocorrência da mudança de paradigma.

Além disso, tal como descrito, foram mencionadas as caraterísticas do pós-modernismo, incluindo estilísticas, temáticas e estruturais, mas destas, a principal preocupação depende das caraterísticas estruturais porque incluem modos de expressão como a paródia, a ironia, a sátira, o riso e outros elementos cómicos que foram centrais para a argumentação na definição dos objectivos desta tese.

Num processo de análise, foram estudados os modos de expressão literária pós-moderna, em particular as caraterísticas estruturais, a fim de analisar O Guia do Viajante Galáctico em termos dos elementos e da análise da ficção científica.

Em suma, na análise do romance, os elementos da ficção científica, desde os robots aos avanços tecnológicos e, mais adiante, desde as naves espaciais à questão da viagem no tempo, foram examinados como o conteúdo principal do texto de ficção científica. Para o efeito, recorreu-se à aplicação terminológica e ao auxílio da paródia e da ironia, cujas unificações e atribuições como modos de expressão literária pós-moderna foram também descritas e analisadas ao longo do romance. Além disso, nesta perspetiva, foram estudadas as funções da paródia e da ironia, com o seu esclarecimento terminológico através de citações de The Hitchhiker's Guide to the Galaxy.

Além disso, a forma humorística de narrar de Douglas Adams foi analisada e observada neste estudo. Além disso, a fim de descrever outros modos de expressão literária pós-moderna, como a sátira e o riso, foram examinadas terminologias bakhtinianas, incluindo "carnavalização, orquestração e polifonia", para as situações humorísticas e cómicas citadas no romance.

Consequentemente, estes modos de expressão pós-modernos foram investigados e analisados neste estudo, e estas qualidades pós-modernas foram adaptadas às especialidades da ficção científica como aspectos literários, indicando que The Hitchhiker's Guide to The Galaxy de Adams partilha as caraterísticas de um texto pós-moderno de ficção científica cujas qualidades correspondem aos mesmos princípios literários desconstruídos.

Finalmente, foram analisados elementos culturais selecionados, definidos como as ideologias da "autenticidade, alienação e alteridade", no contexto das qualidades pós-modernas da ficção científica, cujos conteúdos foram também relacionados entre si através de citações do romance. Do mesmo modo, os conceitos de uma realidade alternativa foram examinados mais detalhadamente nesta secção, na medida em que houve uma variedade de esclarecimentos, cujos resultados foram também analisados juntamente com as suas explicações teóricas que constituem uma realidade alternativa. Como resultado, este estudo concluiu que os princípios pós-modernos mais importantes criaram realidades alternativas que ajudam a tornar o Guia do Mochileiro das Galáxias de Adams um texto de ficção científica pós-moderno e paródico.

REFERÊNCIAS

Adams, Douglas (2005). *The Hitchhiker's Guide To The Galaxy,* Nova Iorque, Del Rey Books.

Abrams, M.H., Harpham, G. Galt (2009). *A Glossary Of Literary Term,* Canadá, Wadsworth Cengage Learning.

Adorno, Theodor (2003). *The Jargon Of Authenticity*, Nova Iorque, Routledge.

Bakhtin, Mikhail. (1984). *Rabelais and His World,* Estados Unidos da América, Indiana University Press.

Bakhtin, Mikhail, M. (2008). *The Dialogic Imagination: Four Essays,* ed. Michael Holquist, traduzido por Carl Emereson e Michael Holquist, Estados Unidos da América, University Of Texas Press.

Barry, Peter. (2009). *Beginning theory: Uma introdução à teoria literária e cultural*, Manchester, Reino Unido, Manchester University Press.
Baudrillard, Jean (1998). *The Consumer Society Myths and Structures,* Londres, Thousand Oaks, Nova Deli, Sage Publications.

Freedman, Carl (2000). *Critical Theory and Science,* Hanover, University Press Of New England.

Hassan, Ihab (1987). *The Postmodern Turn: Essays in Postmodern Theory and Culture,* Ohio State University Press.

Hutcheon, Linda (1995). *A Poetics of Postmodernism*, Londres, Routledge.

Hutcheon, Linda (1987). *Politics of Postmodernism*, Nova Iorque, EUA, Routledge.

Kropf, Carl, R. (1988). "Douglas Adams's "Hitchhiker" Novels as Mock Science Fiction", *Science Fiction Studies,* Vol. 15, No. 1 (Mar., 1988), pp. 61-70. URL estável: http://www.jstor.org/stable/4239859 .consultado em: 24/05/2012.
Luckhurst, Roger (2005). *Science Fiction,* Cambridge, Reino Unido, Polity Press.

McHale, Brian (1991). *Postmodernist Fiction*, Nova Iorque, Routledge.

Roberts, Adam (2000). *Science Fiction,* Nova Iorque, Taylor & Francis Books Ltd, Routledge.

Printed by Books on Demand GmbH, Norderstedt / Germany